AF481933

Erik Levine

As a Matter of Fact

Ludwig Forum Aachen

Verlag für moderne Kunst

Inhalt

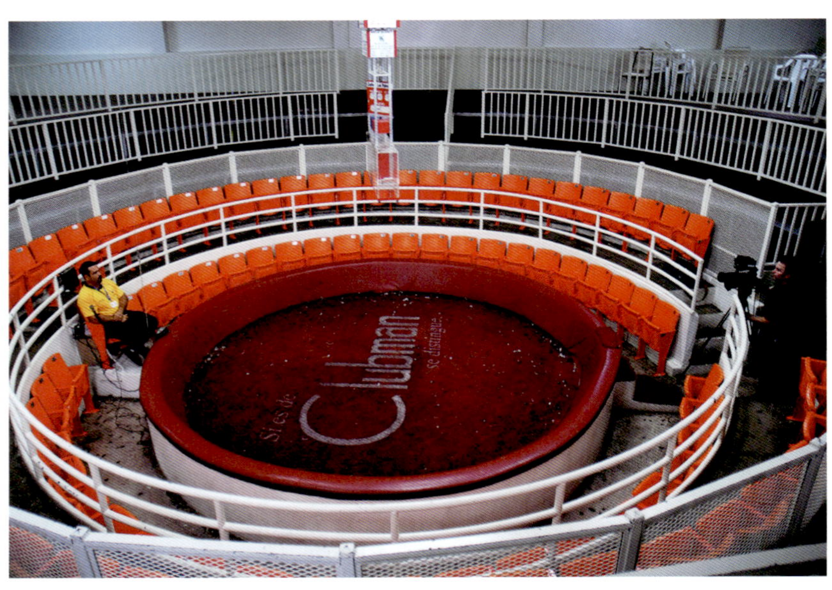

Contents

3

Vorwort der Herausgeber

Andreas Beitin & Leonhard Emmerling

Editors' Preface

DE   Erik Levine, der bis zur Millenniumswende auf eine erfolgreiche Karriere mit monumentalen Skulpturen und energetischen Zeichnungen zurückblicken kann, arbeitet seit dem Jahr 2001 ausschließlich mit dem Medium Video. Zentrales Thema seines videografischen Werkes sind neben Tod, Entfremdung, Scheitern und Vergänglichkeit vor allem Fragen, die sich mit dem Thema der Männlichkeit befassen. Formal sind seine Arbeiten durch lange, kontemplative Einstellungen sowie den Verzicht auf Kamerabewegungen oder -fahrten gekennzeichnet. Neben der stringenten thematischen Fokussierung sind es Levines außerordentliche Aufmerksamkeit, die er Bildaufbau und Schnitt widmet, sowie der Einsatz von komplexen Sounds, die ihm in der zeitgenössischen Videokunst einen singulären Platz zuweisen.

Was macht am Anfang des 21. Jahrhunderts einen Mann aus? Wie lässt sich Männlichkeit fassen in Zeiten der Liberalisierung von Gender-Stereotypen, neuer männlicher Rollenbilder in der Gesellschaft und der Debatten um Transgender? Erik Levine, 1960 in Los Angeles geboren, geht diesen Fragen konsequent in seinen Videoarbeiten nach, die in langen Einstellungen normative Verhaltensweisen und Rituale der Männlichkeit festhalten. Weit entfernt davon, dokumentarisch zu sein, nähern sich Levines Videoarbeiten ihrem Sujet auf zugleich vorsichtige und rückhaltlose Art und Weise: dem Drill, dem heranwachsende Jungs beim Sport ausgesetzt sind (*More Man*); der Zärtlichkeit, mit der Männer ihre Kampfhähne auf den Einsatz in der Arena vorbereiten, und dem Exzess, dem sie sich hingeben, während die Tiere sich bis zum Tod bekämpfen (*cocker*); der stoischen Routine der Arbeiter in einem Schlachthof, die ein Handwerk betreiben, dessen Ökonomie sowohl durch maschinelle Reibungslosigkeit als auch den Einsatz des Körpers in der Praxis des Tötens gekennzeichnet ist (*cold storage*); der Verlorenheit mexikanischer Immigranten, die auf einer

EN   Erik Levine, who until the turn of the millennium enjoyed a successful career with monumental, voluminous sculptures and energetic drawings, has worked exclusively in the medium of video since 2001. Aside from death, alienation, failure, and transience, his video-based works also revolve around issues relating to masculinity, another key topic of his art. In formal terms his videos are characterized by long, contemplative shots and the omission of camera movements. Apart from his stringent thematic focus, it is the extraordinary meticulousness Levine applies to composition and editing, and his use of complex sounds, which have secured him a unique position in contemporary video art.

What defines a man at the beginning of the twenty-first century? How can one capture masculinity when gender stereotypes have been liberalized, men assume nontraditional roles in society, and transgender issues are openly discussed? Erik Levine, born 1960 in Los Angeles, explores these themes rigorously in his video works, which rely on protracted and sustained scenes to capture normative forms of behavior and rituals of masculinity. Far from being documentary, Levine's videos approach their subject in a fashion that is simultaneously discreet and uncompromising: the drill that adolescent boys are subjected to during sports (*More Man*); the tenderness with which men prepare their fighting cocks for battle in the cockpit, and the excessive abandon they exhibit while the animals fight to death (*cocker*); the stoic routine of workers in an abattoir, operating in a trade where the business is characterized both by the smooth operation of machines and the actual killing involving physical contact (*cold storage*); the despondency of Mexican immigrants, lamenting their

US-amerikanischen Pferderennbahn ihre enttäuschten Hoffnungen und ihr Heimweh beklagen (*coyoteNorth*); oder dem Sohn, der, nachdem der Vater Opfer eines Gewaltverbrechens geworden ist, die unglückliche wie unheimliche Kongruenz, dass er sowohl Jäger als auch Gejagter, sowohl „Raubtier" als auch Beute war, erkennt (*Someone hears a shot.*).

Oft drehen sich die Videoarbeiten Erik Levines um Männer, deren Leben sich in der Nähe zum Tod abspielt. So ist es nicht zuletzt die Dringlichkeit dieser Szenarien um Leben und Tod, die Levine hauptsächlich beschäftigt. Folgerichtig wendet er sich dementsprechend in seiner jüngsten Arbeit, *Still Lifes*, den Menschen in argentinischen Altersheimen zu, und gibt auf so einfühlsame wie auch schonungslose Weise Einblicke in das Leben kurz vor dessen Ende.

Wir freuen uns, mit dieser Publikation, die aus Anlass der ersten umfassenden europäischen Ausstellung mit Videowerken von Erik Levine im Ludwig Forum Aachen entstanden ist, erstmals einen vertiefenden theoretischen Einblick in das so aktuelle Werk des US-amerikanischen Künstlers geben zu können. Auch wenn die zentralen Themen seiner Videos – Tod, Vergänglichkeit und Männlichkeit – zu den kanonischen Fragestellungen und Motiven der Kunst gehören, so gelingt es Erik Levine auf höchst bemerkenswerte Weise, diese Themen innovativ zu verhandeln und außergewöhnlich beeindruckend darzustellen.

Danken möchten wir in erster Linie Erik Levine, der uns vertraut hat, das Ausstellungs- und Publikationsprojekt gemeinsam zu realisieren. Die Zusammenarbeit war von der ersten Begegnung an von gegenseitigem Respekt und hohem Engagement geprägt. Ganz besonders möchten wir auch den verschiedenen Förderern danken, die durch ihre finanzielle Unterstützung die Produktion dieser Publikation ermöglicht haben. Ein weiterer großer Dank geht an die beiden externen Autorinnen Leila Farsakh und Berta Sichel, die sich mit großem

Andreas Beitin & Leonhard Emmerling

thwarted hopes and feeling homesick on an American thoroughbred horse racing track (*coyoteNorth*); or the son, who after his father's death as the result of violent crime, sees the unfortunate and uncanny coincidences between being both hunter and hunted; predator and prey (*Someone hears a shot.*).

Often, Levine's videos revolve around men whose lives take place within the proximity of death. Ultimately though, it is the urgency of life and death scenarios that concerns Levine most of all. His latest work *Still Lifes* continues this practice and looks at the residents in Argentinian elderly homes, taking an approach that is both sensitive but also resolute, showing us what life is like toward its end.

We are delighted that for the first time we are able to offer an in-depth theoretical perspective into the recent work by Erik Levine through this publication, which marks the first comprehensive European exhibition of the American artist's video works in Ludwig Forum Aachen. Even though the key topics of his videos, namely death, transience, and masculinity are established subjects and themes in art, what sets Erik Levine's work apart is his outstanding ability to adopt an innovative approach in addressing these subjects and portraying them in a striking manner.

Our thanks go first and foremost to Erik Levine for entrusting us with this joint exhibition and publication project. From our first meeting our collaboration has been marked by mutual respect and great commitment. We would also especially like to thank the various sponsors with whose help we were able to produce this publication. Moreover, we are highly grateful to the two external

Einfühlungsvermögen zentralen Fragestellungen im Werk von Erik Levine gewidmet haben. Dieser Dank gilt ebenfalls Hugh Davies für das so gewinnbringende Interview, das er mit dem Künstler eigens für diese Publikation geführt hat. Neben Vanessa Roder, die das Projekt im Ludwig Forum umsichtig betreut hat, möchten wir uns abschließend beim Verlag für moderne Kunst bedanken, der die Publikation präzise und kompetent realisiert hat. In diesen Dank ist Raphael Drechsel von der Agentur GREAT eingeschlossen, der das Buch so ansprechend gestaltet hat. •

authors Leila Farsakh and Berta Sichel, who devoted themselves with great sensitivity to the key issues in Erik Levine's work. We would also like to thank Hugh Davies for the very insightful interview he conducted with the artist specifically for this publication. We are likewise most grateful to Vanessa Roder, who so shrewdly supervised the project in Ludwig Forum. And, finally, we would like to thank Verlag für moderne Kunst for realizing the publication with such precision and competence, as well as Raphael Drechsel from the agency GREAT for the book's engaging design. •

As a Matter of Fact: Erik Levine und das Erbe des Dokumentarfilms

Berta Sichel

As a Matter of Fact: Erik Levine and the Legacy of the Documentary

 Man verwendet „as a matter of fact" als Einleitung einer Aussage, die zusätzliche Informationen über das gibt, was soeben besprochen wurde oder eine Erklärung dazu liefert – oder aber für etwas, das im Gegensatz dazu steht. (Collins Dictionary)

Wie die idiomatische Wendung, die der Ausstellung ihren Titel gab, erforscht die aktuelle Werkauswahl des US-amerikanischen Künstlers Erik Levine tiefergehend eine Debatte, die seit einiger Zeit für Unruhe sorgt: Wofür steht das Dokumentarfilmgenre heute?

Es ist unbestritten, dass sich die Definition des Dokumentarfilms über die letzten Jahrzehnte verändert hat. Das Entstehen und die Etablierung einer durch die Massenmedien geprägten Gesellschaft, in der das Fernsehen eine wichtige Rolle spielt, und die Entwicklung einer ganzen Bandbreite von Medientechnologien führte zusammen mit der Ausweitung des Kunstbegriffs zur Veränderung unserer vorgefassten Meinungen. Konventionelle Definitionen dessen, was „real" und was „nicht real" ist, wurden obsolet. In diesem Zusammenhang ist der Dokumentarfilm nicht mehr bloßer Beleg, sondern seine Möglichkeiten reichen über die reine Präsentation von Fakten hinaus. Manchmal sind wir uns der Beschaffenheit und der Grenzen dieses Genres, das immer noch mit dem Etikett des Nichtfiktionalen versehen wird, um den Unterschied zum fiktionalen Film deutlich zu machen, nicht sicher. Das schlägt sich im Stakkato unregelmäßiger Formen, die der Architektur einer Metropole aus der heutigen Zeit gleichen, nieder.

In den späten 1980er- und frühen 1990er-Jahren reicherte die Aufgeschlossenheit der Kunstwelt die Schaffung eines neuen Formenvokabulars, das für die Darstellung einer sich verändernden Welt besser geeignet war, mit Würze und Leben an. Der auf die Kunst ausgeübte politische Druck wirkte sich auf

 You use "As a Matter of Fact" to introduce a statement that gives more details about what has just been said, or an explanation of it, or something that contrasts with it. (Collins Dictionary)

As in the idiomatic expression used for the title of this exhibition, the present selection of works by American artist Erik Levine delves further into an argument that has raged for some time: what does the documentary genre mean today?

It cannot be disputed that over recent decades the definition of documentary film has changed. The emergence and establishment of a mass media society, in which television plays a major role, the development of an array of media technologies, together with the expansion of the concept of art, have all factored into altering our preconceptions. Conventional definitions of "what is real and not real" have become obsolete. In this context, documentary film is no longer a mere document, and its scope reaches beyond the mere presentation of facts. Still labeled "non-fiction," to mark the difference from fictional cinema, sometimes we are unsure of the nature and boundaries of this genre, manifested in a staccato of irregular shapes like the architecture of a contemporary metropolis.

By the late 1980s and early 1990s the openness of the art world was adding flavor and life to the creation of novel vocabularies of form, more suitable for imagining a changing world. The political pressures put upon art reverberated into the expanded field of experimental film, including works that have lately

das erweiterte Feld des experimentellen Films aus. Das schloss Arbeiten mit ein, die erst seit Kurzem als Kunst angesehen worden waren und die eine visuelle und formale Revolution ausgelöst hatten. Auf seltsame Weise erinnerte die Heftigkeit dieser Veränderung an einen ähnlichen, viele Jahre zurückliegenden Vorgang – nämlich als der Stummfilm dem Tonfilm gewichen war. Seit diesem Wandel konnten sich Kunstfilme und -videos im Dokumentarstil eine eigene Nische schaffen in Museen, Kulturzentren und Universitäten, welche die Arbeiten von Filmschaffenden aufnehmen können, die sich für Anthropologie, Soziologie, Kulturwissenschaften und andere verwandte Disziplinen interessieren. Denkt man aber über die Ausweitung der Auffassung von Film und Dokumentarfilm nach, so drängt sich die Frage nach einer Definition auf. Diese ist keine einfache Frage; auch, weil sie weitere nach sich zieht – etwa: Können wir uns der klaren Unterscheidung in Dokumentar-, Experimental- und Kunstfilm noch gewiss sein? Kann das, was Medienkuratoren „Screen Cinema" nennen, der erweiterten Rubrik des Dokumentarfilms zugeordnet werden? Nehmen Kunstdokus lediglich eine Beobachtung der „realen" Welt vor? Welche sozialen, kulturellen und politischen Funktionen kamen Kunstdokus im Lauf der Zeit zu – und welche aktuellen Produktionen, die über die reine Dokumentation hinausgehen, brechen die Repräsentation und die Narration auf, während sie neue kinematografische Erlebnisse schaffen?

Im vorherrschenden Kunstdiskurs wird das ästhetische Experiment teilweise als Ausgangspunkt für die Umwandlung dessen genommen, was im Französischen als „le partage du sensible" bezeichnet wird – die Aufteilung und Teilung der sinnlichen Welt –, sodass Beschreibungen davon, wie künstlerische Praktiken innerhalb eines solchen Kontexts funktionieren, beim Öffnen der Kulturszene helfen können. Die Videoarbeiten von Erik Levine sind weder wirklich Filme noch Dokumentarfilme, sondern vielmehr eine neue Form des medien-

Berta Sichel

been reclassified as art, provoking a visual and formal revolution. In a strange way, the intensity of this change was reminiscent of one occurring many years before, when silent movies gave way to the talkies. Since this shift, documentary-style art films and videos have succeeded in making a niche for themselves in museums, cultural centers, and universities that can accommodate the work of filmmaker-artists interested in anthropology, sociology, cultural studies, and other related disciplines. Yet thinking about the expansion of the concept of cinema and of documentary, definition becomes an urgent question. For it is not a simple one, and triggers others, such as: Can we still be sure that a distinction exists between documentary, experimental, and art films? Can what media curators call "screen cinema" be included under the expanded rubric of documentary film? Do art documentaries simply observe the "real" world? What social, cultural, and political functions have art documentaries served over time, and what recent productions that go beyond the document are disrupting representation and narration while constructing new cinematic experiences?

Parts of the prevalent art discourse treat aesthetic experimentation as a starting point for the transformation of what in French is called "le partage du sensible"—the division and sharing of the sensory world—so that describing how artistic practices work within such contexts can be useful for opening the cultural world. The video works of Erik Levine are not quite cinema, not quite documentary, but rather a new form of media art discourse. They display the marvelously flexible qualities of the contemporary informal documentary film essay, a fledgling film genre, which brings together selected aspects of direct

künstlerischen Diskurses. Sie heben die so wundervoll flexiblen Eigenschaften des gegenwärtigen informellen Dokumentarfilm-Essays hervor – dieses jungen Filmgenres, das ausgewählte Aspekte des „Direct Cinema"[1], fiktionaler Filme und experimenteller Produktionsweisen zusammenbringt. Manche davon könnte man als „Kurzfilm-Essays" bezeichnen – etwa *Still Lifes, cocker* oder *cold storage*. Sie mögen sich zwar hinsichtlich ihres Aufbaus, ihrer Drehorte und der Art und Weise, wie sie ihren Gegenstand den Zuschauerinnen und Zuschauern näherbringen, unterscheiden, dennoch bieten alle diese Arbeiten eine Entwicklung oder eine Deutung des ultimativen Themas an: des Todes. Der Blick des Künstlers, der sowohl die Verbindung zwischen Kamera und Subjekt als auch die verschiedenen Möglichkeiten herstellt, wie man sich den hinter dem Film stehenden Überlegungen annähern kann, wird somit äußerst aktiv. *cocker, Someone hears a shot.* (über den nicht aufgeklärten Mord an Levines Vater) oder *More Man* tragen Männlichkeit in ihrem Subtext – sogar den Tod der Kindheit, wie in *More Man* –, aber insgesamt kreisen diese filmischen Überlegungen um Ideen von Leben und Tod. Levine sagt: „Wie Männlichkeit zum Tod führt, war einer der grundlegenden kuratorischen Gedanken, die zur Entstehung dieser Ausstellung führten." In seinen visuellen Leitmotiven tauchen der Tod oder das Stadium, wo „ihm [dem Körper] von innen her nichts mehr *zustoßen* [kann]",[2] deutlich wahrnehmbar als eindringlicher Stillstand all dessen auf, was zum Leben notwendig ist.

Still Lifes, in mehreren Altenheimen in Buenos Aires gedreht, spielt mit den Stilmitteln eines klassischen Genres der Malerei. Die Bilder im Film sind – recht ähnlich zu solchen Gemälden – mit persönlichen, kulturellen und sozialen Bedeutungen angereichert, die besonders dazu geeignet sind, die Betrachtenden zum Nachdenken darüber anzuregen, wie real ein fast stillstehendes Leben noch ist, wenn sie älteren Menschen zusehen, die nicht länger den Berg ihres Lebens

1   „Direct Cinema" ist die kanadische und US-amerikanische Bezeichnung für das Cinéma vérité. Neben anderen Zielsetzungen verfolgte diese Art von Film einen neuen filmischen Realismus. Heute sind das Direct Cinema der 1960er-Jahre und seine Annahme, der Dokumentarfilm könne eine Repräsentation tatsächlicher Ereignisse sein, obsolet geworden. Siehe Stella Bruzzi, *New Documentary: A Critical Introduction*, London / New York 2000, S. 68.

2   Jean-Paul Sartre, *Das Sein und das Nichts*, Reinbeck bei Hamburg 1993, S. 933.

1   Direct cinema is how cinema vérité was called in Canada and the US. Among other aims this kind of film was looking for a new cinematic realism. Today the 1960s direct cinema and its assumption that documentary film could be a representation of real events, is obsolete. See Stella Bruzzi, *New Documentary: A Critical Introduction*, London/New York 2000, p. 68.

2   Jean-Paul Sartre, *Being and Nothingness*, New York 1992, pp. 694–95.

cinema[1], fiction, and experimental productions. Some could be defined as "short film essays," such as *Still Lifes, cocker*, or *cold storage*. Their structures, locations, and the way they communicate the subject to the viewer may vary, yet all these works offer a development or interpretation of the ultimate theme, which is about death. The artist's gaze, establishing the connection between camera and subject and the variations on how to approach the premise of the works, thereby becomes extremely active. *cocker, Someone hears a shot.* (about the unsolved murder of Levine's father) or *More Man* carry the subtext of masculinity—even the death of boyhood, as in *More Man*—but overall, these cinematic reflections are centered upon ideas of life and death. Levine says, "How masculinity leads to death was one of the founding curatorial notions regarding how this exhibition came into being." In his visual leitmotifs, death or the stage where "nothing more can *happen* to it [the body] inwardly"[2] emerges in a perceptual way, as the intense arrest of what is vital.

Still Lifes, which was shot in several nursing homes in Buenos Aires, plays with the tag of a classic genre of painting. In the video, much as in such paintings, the images are filled with personal, cultural, and social meaning, of the kind bound to ignite reflection in the viewer. Who can help pondering the realness of lives that are almost still, watching elderly people who are no longer climbing the hill of life, but have made it to the summit and are looking down the other side? Growing older is a natural phenomenon, and death is inevitable. *Still Lifes* belongs to a novel breed of self-styled "documentary" films, perhaps a cross between the legacy of direct cinema and screen art, in which the author interacts

besteigen, sondern schon am Gipfel angekommen sind und auf der anderen Seite in die Tiefe blicken? Älterwerden ist ein natürlicher Vorgang; der Tod ist unausweichlich. *Still Lifes* gehört einer neuen Sorte selbsternannter „Dokumentar-"Filme an und ist vielleicht eine Kreuzung zwischen dem Vermächtnis des Direct Cinema und der Screen Art, wo der Regisseur sich mit seinem Thema auseinandersetzt und einen persönlichen Betrachtungsstil praktiziert – mit einem künstlerischen Interesse für das Bild und seinen Inhalt.[3]

 cocker, Levines Erkundung einer jahrhundertealten puertoricanischen Tradition sowie eines äußerst lukrativen Geschäfts – nämlich des Hahnenkampfs –, wird von den Hauptakteuren dieses Rituals dominiert: den Züchtern, dem wettenden Publikum am Kampfplatz – *gallera* genannt – und den Hähnen. Indem gleichzeitig private und öffentliche Aspekte dieser Welt gezeigt werden, betritt das Werk das Umfeld des Dokumentarischen durch die Tür dessen, was als „sich bildende Fiktion" bezeichnet wird. Es handelt sich dabei vielleicht nicht so sehr um Fiktion als vielmehr um eine Dekonstruktion der Realität oder ein dialektisches Verständnis, das etwas Neues und Persönliches entstehen lassen kann.[4] Indem die um diese Hauptcharaktere angelegte Arbeit neu über eine kulturelle Praxis nachdenkt, regt sie einen Pseudo-Dialog mit dem Künstler an. Die Kamera nimmt Ereignisse in den Häusern der Züchter auf, wo die Hähne bis zu ihrem ersten Kampf fast zwei Jahre lang liebevoll gehegt und gepflegt werden, und die verschiedenen Arenen, wo sie in den Kampf gehen. Ein komplexer Dialog entspinnt sich zwischen dem Künstler und der Realität der vielleicht letzten Gentlemen-Sportart, wo mit nur einem Wort, einem Blick oder einer Geste abgeschlossene Wetten stets angenommen werden, und deren Arenen oder Kampfplätze eine reine Männerwelt sind. Indem sie Fragen zum Film und seiner Narration aufwirft, verbindet die Arbeit äußerst präzise die

3 Bill Nichols, *Representing Reality*, Bloomington 1999, S. 49.

4 Ebd., S. 109–115.

Berta Sichel

3 Bill Nichols, *Representing Reality*, Bloomington 1999, p. 49.

4 Ibid., pp. 109–15.

with his or her theme and exercises a personal observational style, with artistic concern for the image and its content.[3]

 cocker, Levine's exploration of a century-long Puerto Rican tradition and lucrative business, namely cockfighting, is dominated by the main actors in this ritual: the breeders, the spectator-gamblers in the cockpit or *gallera*, and the roosters. Simultaneously recording the private and public aspects of this world, the work enters the radius of documentary through the door of what is called "emergent fiction": not so much fiction, perhaps, as a deconstruction of reality, or a dialectical understanding capable of producing something new and personal.[4] Rethinking a cultural practice, the piece constructed around these main characters, stimulates a pseudo-dialogue with the artist. The camera records events in the homes of the breeders, where the roosters are treated with loving care for almost two years before their first fight, and the different cockpits where the birds join battle. A complex negotiation unfolds between the artist and the reality of what is perhaps the last gentleman's sport, in which bets placed with just a word, a look, or a gesture are always honored, and whose arenas or cockpits are a man's world. Raising questions about film and its narration, the work connects with precision the representation of masculinity and death: for both breeder and rooster, to lose a battle is to die—the first allegorically, the second viscerally.

 In another work, *Someone hears a shot.*, the story evolves through a careful editing of news items, found footage, and exploring an atypical aesthetic path and proposing a nonconformist way to differentiate a storyline: the

Darstellung von Männlichkeit und Tod. Sowohl für den Züchter als auch für den Hahn bedeutet ein verlorener Kampf den Tod – im ersten Fall allegorisch gemeint, im zweiten tatsächlich.

In einer anderen Arbeit – *Someone hears a shot.* – entwickelt sich die Handlung durch die sorgfältige Bearbeitung von Nachrichtenmeldungen, *found footage* und Tonaufnahmen. Sie folgt einem unüblichen ästhetischen Pfad und grenzt auf unkonventionelle Art einen Handlungsablauf ein: mit der gleichzeitigen Suche nach einer Bildsprache und einem Plot, der womöglich jenseits des Dokumentarischen liegt und sich allgemeinen Annahmen darüber widersetzt, wie man die Korrelation und die Spannung, die Maskulinität und Tod in sich tragen, zu erzählen hat. Hier wird das, was womöglich aus einer authentischen Quelle stammt, durch die Unwägbarkeiten eines unerwarteten Drehbuchs verändert. Alle diese Elemente, die sich in Levines medialer Arbeit finden lassen, stützen die Behauptung der englischen Filmwissenschaftlerin Catherine Russell, dass „es zwingend eines neuen kritischen Vokabulars bedarf, das für filmisches Schaffen geeignet ist, welches zugleich ‚ästhetisch' und ‚ethnografisch' ist; für Arbeiten, in denen formale Experimente dazu eingesetzt werden, sich auf soziale Repräsentation zu beziehen."[5]

Indem sie Form und Inhalt hinterfragen, sind die Arbeiten von Levine offen, experimentell, objektiv – und schlagen unvollständige Handlungsweisen vor hinsichtlich der Existenz und sozialer Konstrukte; Wirklichkeiten, die dieses neue kritische Vokabular unterstreichen, das Russell so betont. Seine filmischen Innovationen basieren auf der Idee, dass der Inhalt die Form erzeugen kann, sodass die Themenwahl eine ästhetische Entscheidung darstellt und das grundlegende Verständnis dessen, was einen Dokumentarfilm ausmacht, verschoben wird. •

5   Catherine Russell, *Experimental Ethnography: The Work of Film in the Age of Video*, Durham/London 1999, S. 3.

5   Catherine Russell, *Experimental Ethnography: The Work of Film in the Age of Video*, Durham/London 1999, p. 3.

simultaneous search for imagery and a plot that might be located beyond the document, defying common assumptions regarding how to narrate the correlation and tension implicit in masculinity and death. Here, what may originate from an authentic source becomes altered by the vagaries of an improbable script. All these features encountered in Levine's media-based works support the claim of the English film historian, Catherine Russell, when she says, "a new critical vocabulary is desperately needed, appropriate to filmmaking that is simultaneously 'esthetic' and 'ethnographic,' work in which formal experimentation is brought to bear on social representation."[5]

Challenging form and content, Levine's works are unfixed, experimental, objective, and suggest an incomplete action in terms of existence and social construction—realities that underwrite this new critical vocabulary that Russell stresses. His cinematic innovation rests on the idea that content can engender form, so that to choose a topic is to make an esthetic choice, shifting the basic understanding of what constitutes a documentary. •

More Man, 2005,
Ein-Kanal-Video, Farbe,
Stereo-Ton, 8' /
Single-channel video,
color, stereo sound, 8'

Das Video *More Man* zeigt erwachsene Männer und ihre Beteiligung an Jugendsportveranstaltungen. Thematisiert und veranschaulicht werden tief verwurzelte Verhaltensmuster und psychologische Dynamiken, die bei der Vermittlung von Wissen und Rollenbildern zwischen den Generationen zur Anwendung kommen. Das Video offenbart nicht nur das Bemühen der Männer, ihre Jungs zu formen und ihnen ihre eigenen Ideale und Überzeugungen einzuflößen, sondern vor allem auch die Art und Weise, wie das Konzept der Männlichkeit von einer Generation an die nächste weitergegeben wird.

Focusing on adult participation in an organized youth sporting event, *More Man* reveals inherent behavioral and psychological dynamics: how knowledge, persona, and character are passed down; how men strive to shape and infuse boys with their ideals and beliefs; and, above all, how ideas of masculinity are transmitted from one generation to the next.

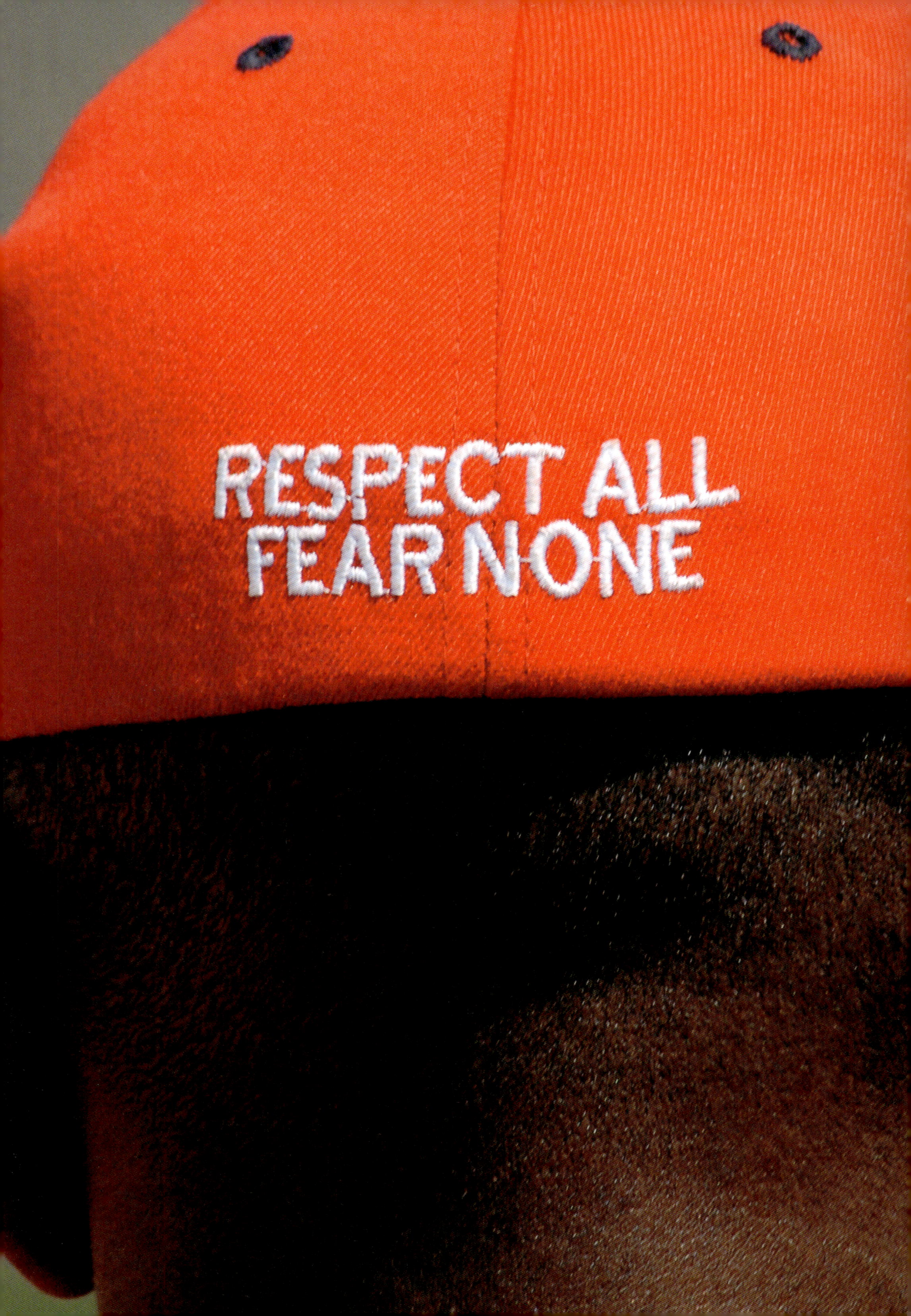

RESPECT ALL
FEAR NONE

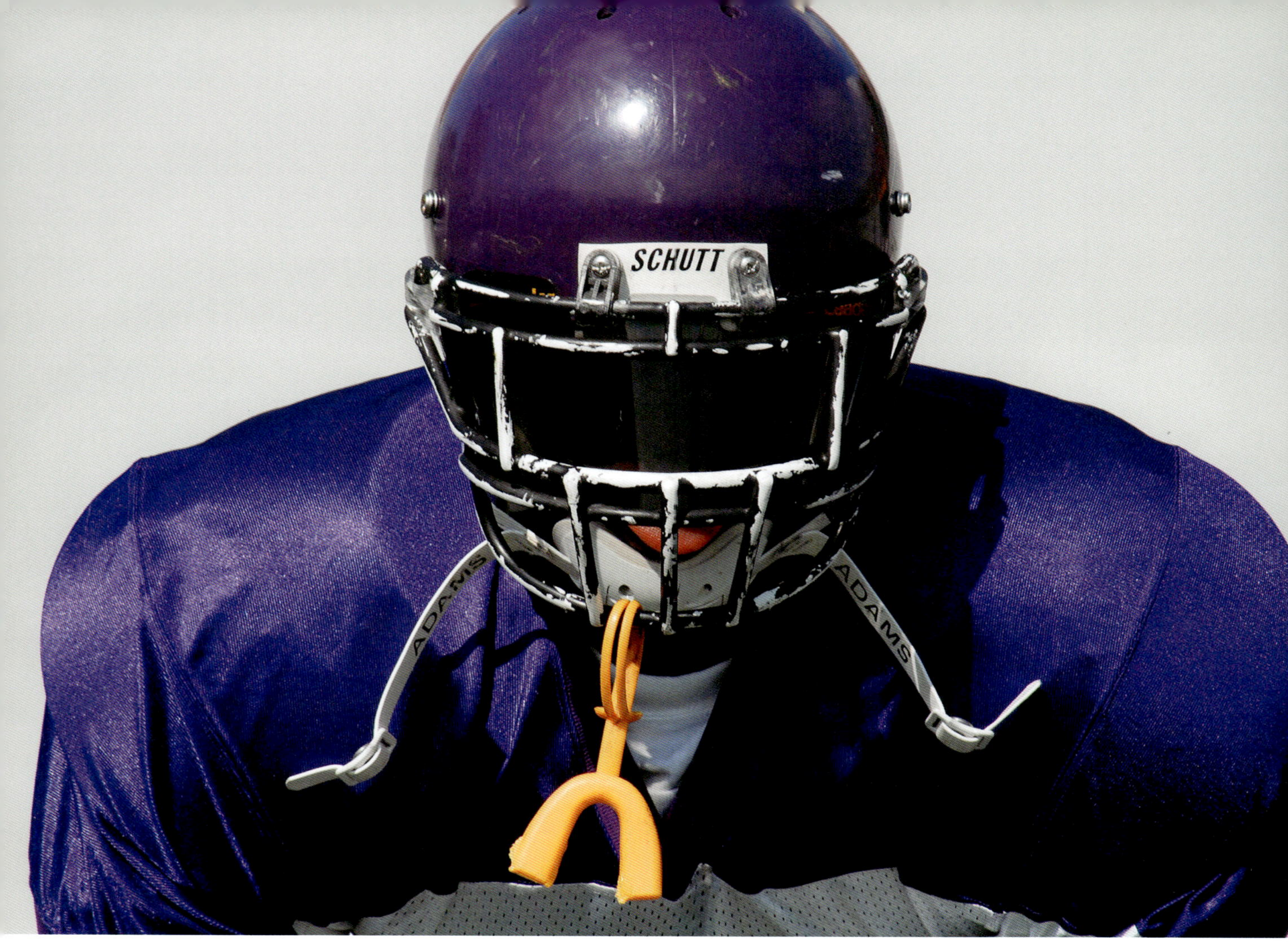

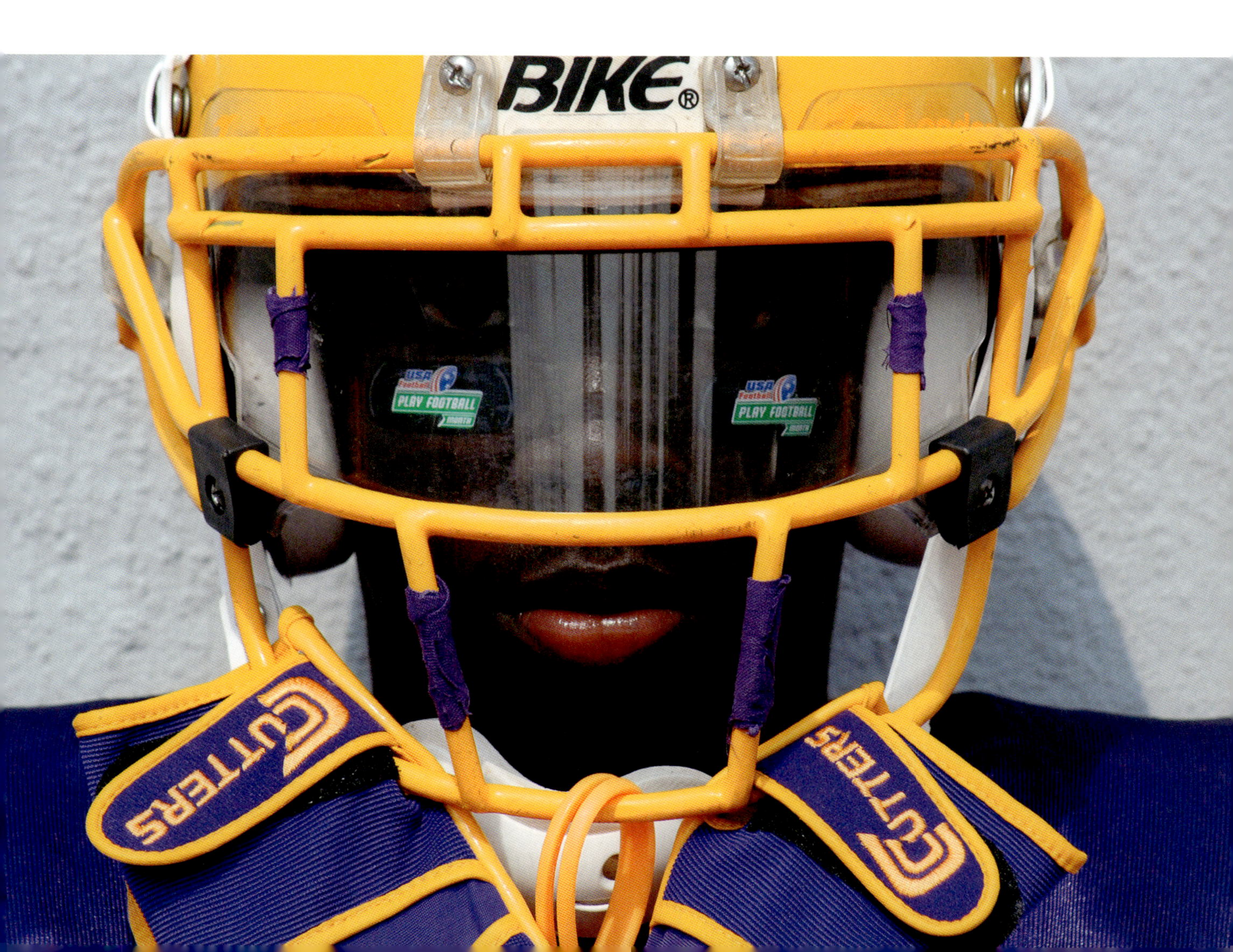

BIKE®
PLAY FOOTBALL
USA Football
PLAY FOOTBALL
USA Football
CUTTERS
CUTTERS

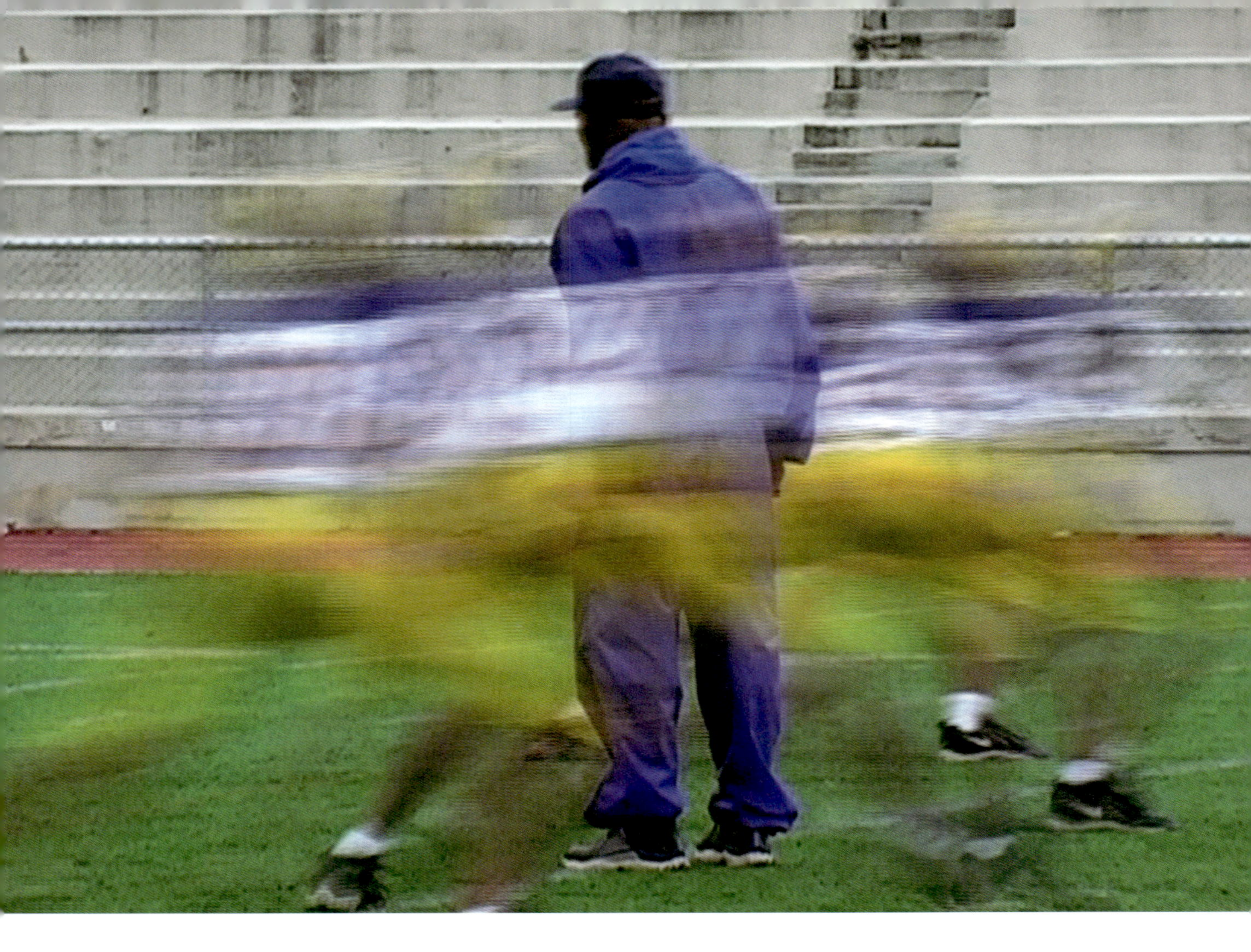

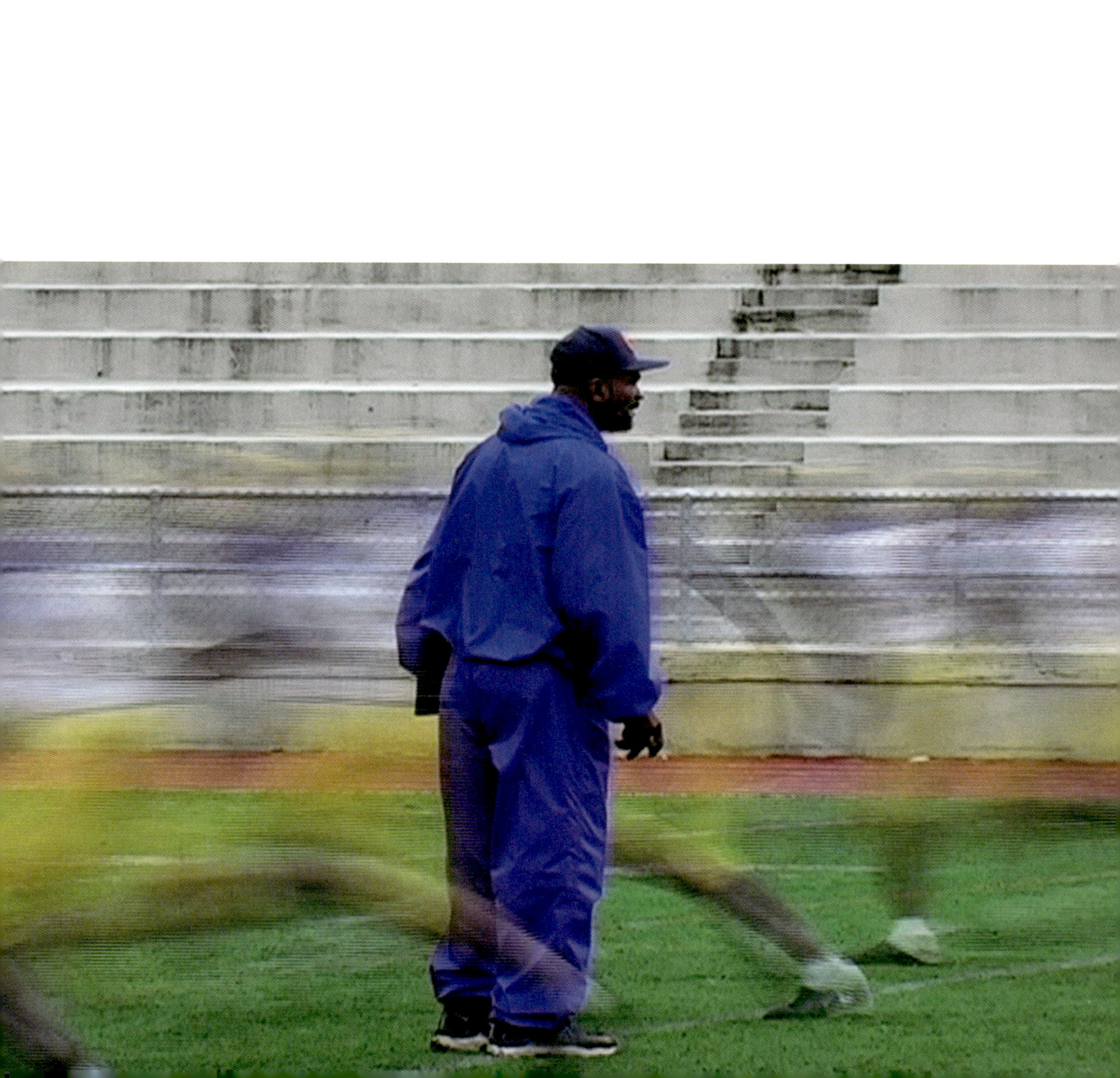

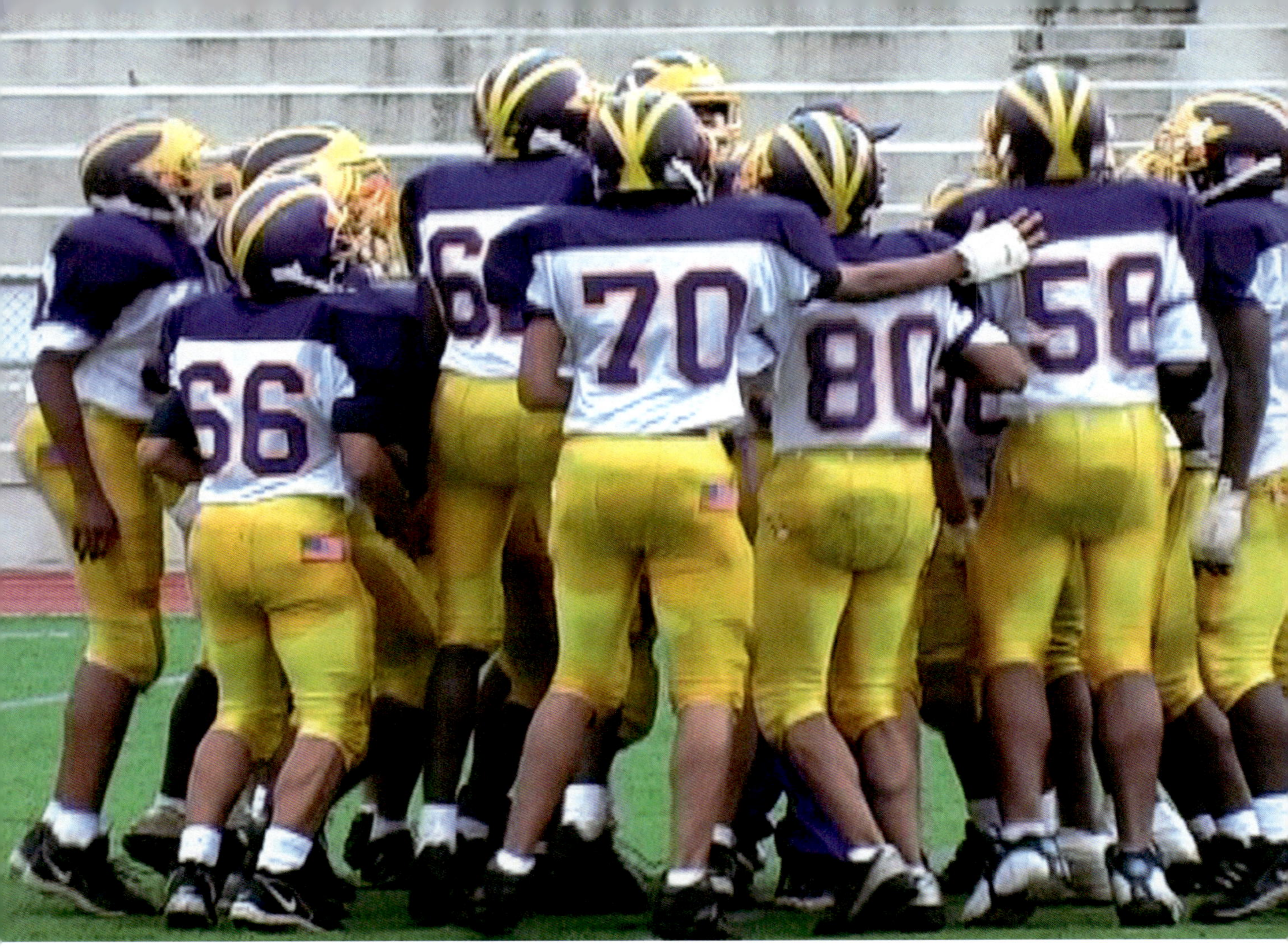

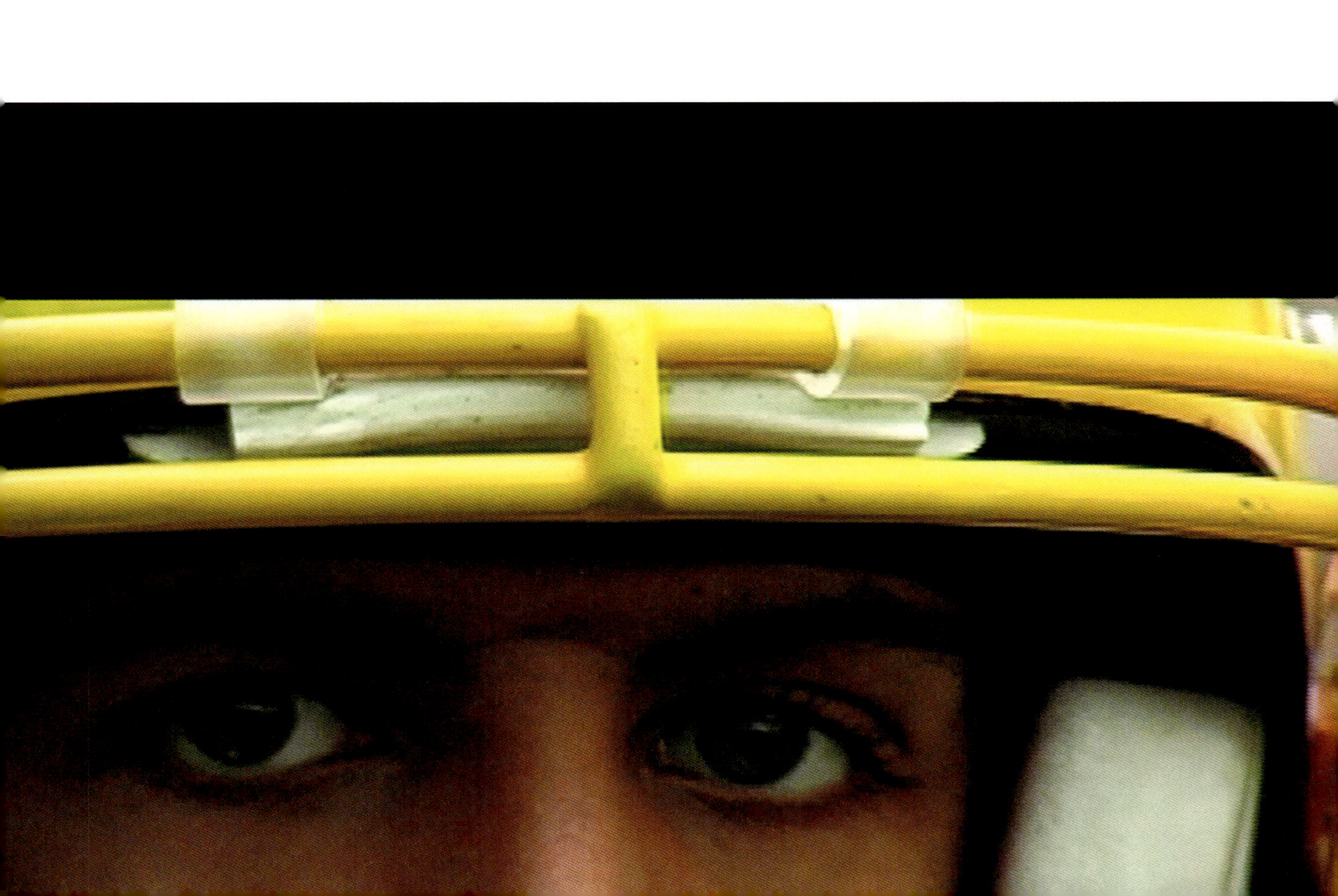

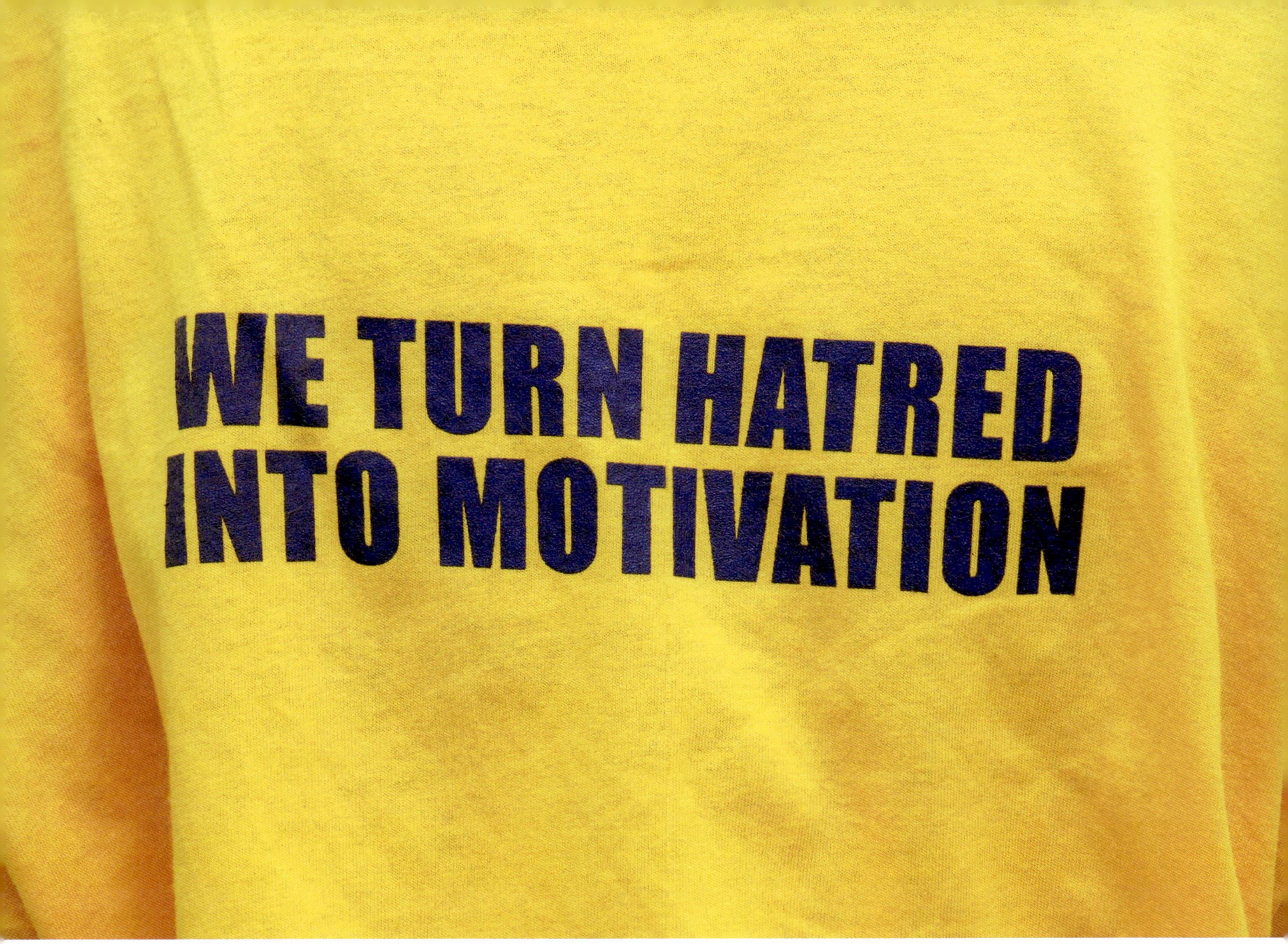

WE TURN HATRED
INTO MOTIVATION

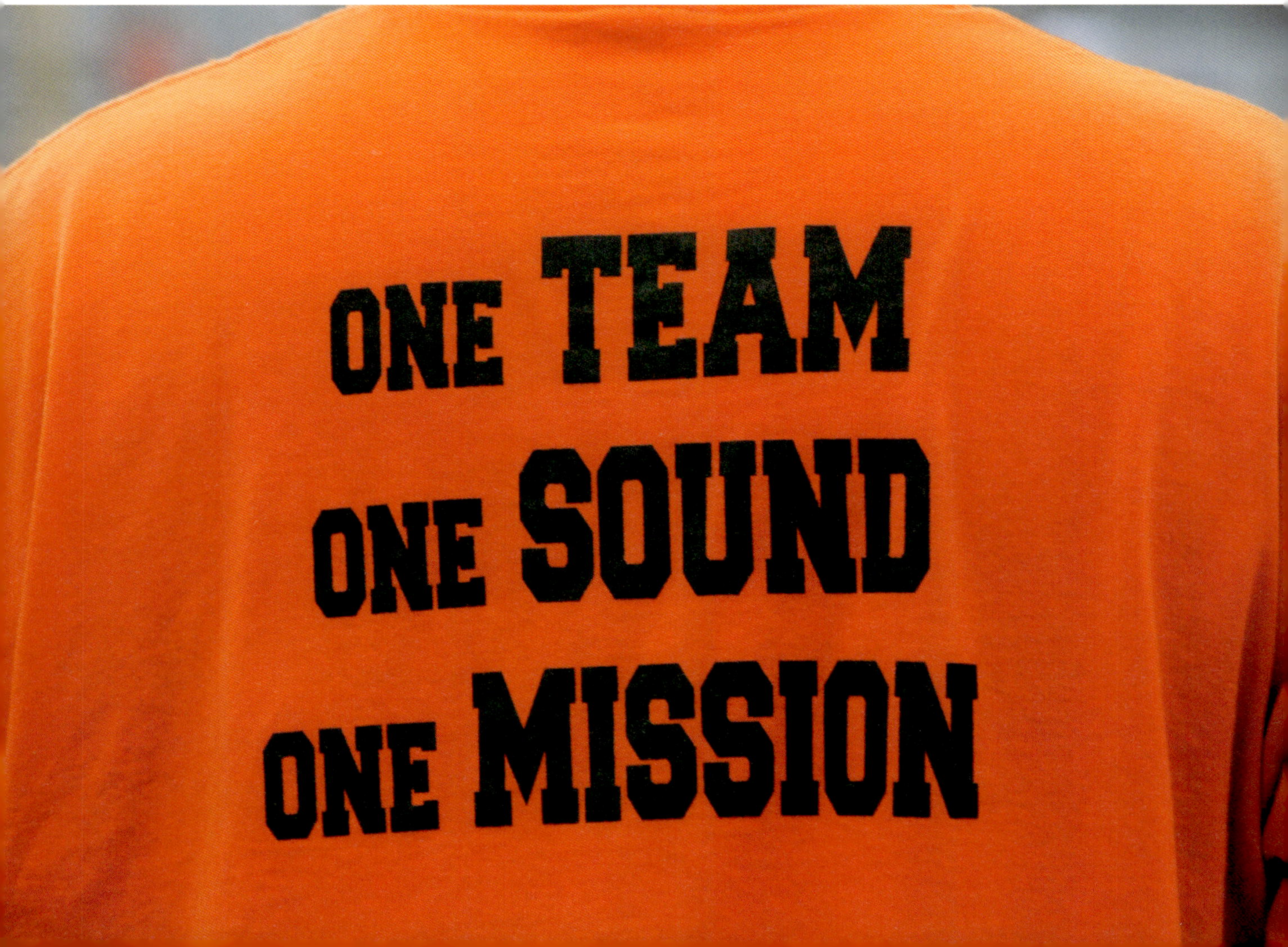

ONE TEAM
ONE SOUND
ONE MISSION

a confession

a confession, 2007,
Ein-Kanal-Video, Farbe,
Stereo-Ton, 3' /
Single-channel video, color,
stereo sound, 3'

Die Verknüpfung von *found footage*, das einen Mann zeigt, der in einem Vernehmungsraum Suizid begeht, mit der Stimme einer Kriminalbeamtin macht *a confession* zu einem psychologischen Porträt. Es untersucht die widersprüchlichen wie komplexen Mechanismen des Verbergens / Enthüllens sowie die Dynamiken und Strategien, die den Bemühungen, Geständnisse zu erlangen, zugrunde liegen.

Combining found footage of a man committing suicide in an interrogation room with the voice of a homicide detective, *a confession* is a psychological portrait investigating the contradictory and complex nature of the conceal / reveal paradigm and the dynamics and strategies for eliciting a confession and admission of guilt.

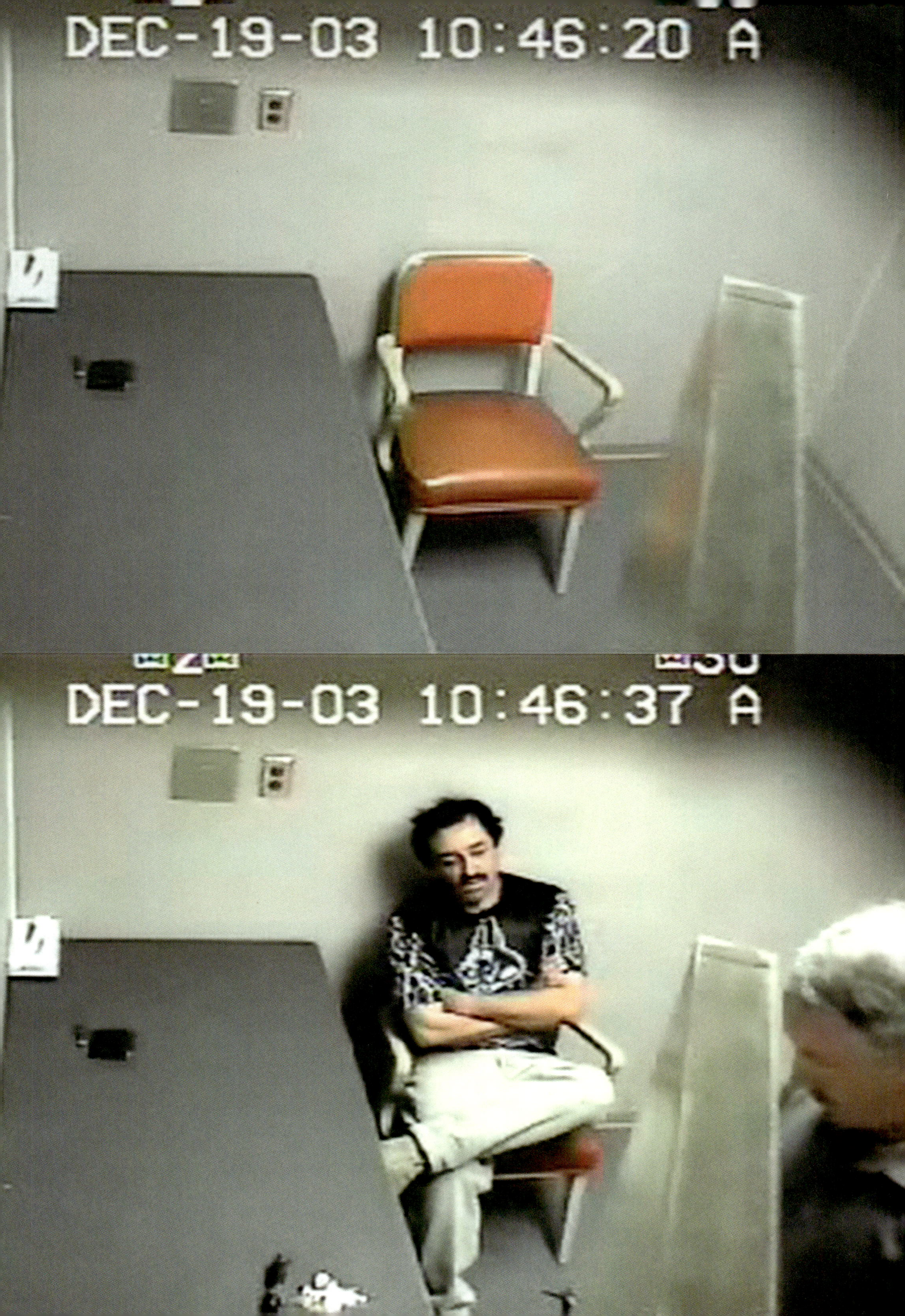

DEC-19-03 10:46:20 A
DEC-19-03 10:46:37 A

Todesverfallen, Männer

Leonhard Emmerling

Deathbound, Men

Zwei große Themen prägen Erik Levines Videoarbeiten: Männlichkeit und Tod. In *More Man* (2005), der ersten zeitbasierten Arbeit, die er fertigstellte, nachdem er sich von der Skulptur abgewandt hatte, fungiert Sport als das Dressurmedium, mittels dessen junge Männer zu ganzen Kerlen herangebildet werden sollen. American Football ist kein Sport für Weicheier, und die Trainer, die ihre Jungs zusammenbrüllen, lassen an dieser Tatsache keinen Zweifel. Die entleerten Blicke der jungen Spieler, die die Tiraden ihrer Coaches über sich ergehen lassen, scheinen auf einen Abgrund des Schreckens gerichtet zu sein – den Abgrund ihres Scheiterns. Gesten der Selbstverwerfung, der Selbstzerstörung kontrastieren mit solchen der Selbstermannung, der Selbstaufstachelung. Es geht um Niederlage und Sieg, Vernichtung und Triumph. An welchem dieser beiden Pole man als Junge endet, entscheidet über das Schicksal als Mann. Es gibt zwischen diesen Polen keine Abschattierungen. Man siegt oder geht unter, man besiegt oder wird besiegt.

Der Tod ist ein seelischer in *More Man*. Den Tod als Beruf aber üben die Männer in *cold storage* aus. Sie töten die Tiere, die im Schlachthof angeliefert werden. Dass der Ort der Aufnahmen ein Schlachthof ist, erschließt die Folge der Aufnahmen nach und nach; dass getötet wird, ergibt sich aus Sequenzen wie dem wiederholten Reinigen eines blutigen Messers. Erst ganz zum Ende sieht man Mann und Tier gemeinsam, wenn der Mann, scheinbar tief versunken in Gedanken, darauf wartet, dass das tote Rind vom Transportband herangeliefert wird. Die Kamera erfasst sie gemeinsam, den wartenden Schlächter, das am Band baumelnde Tier. Unberührt, als nehme er keine Notiz, blickt der Mann vor sich hin. Ein zweiter Kadaver wird in den Bildausschnitt transportiert. Dann endet die Arbeit.

Anklänge an Filme, die das industrielle Zeitalter mit seinen Maschinen, Transportbändern, der Verknüpfung und Überkreuzung von Bewegungen, Geschwindigkeiten, Richtungen, der perfekten Harmonie der Automation

Two major themes characterize Erik Levine's video works: masculinity and death. In *More Man* (2005), the first time-based work he produced after turning away from sculpture, sport is scrutinized as a medium for training youths to turn them into "real men." American football is no sport for wimps, and the trainers who yell at their teams leave us in no doubt about that. The empty gaze of the young players allowing their coach's tirades to wash over them seems directed toward a terrifying abyss—that of their own failure. Gestures of self-doubt and self-destruction are contrasted with ones telling themselves to be men, spurring themselves on. It is all about defeat and victory, annihilation and triumph. One's destiny as a man depends on which of these poles is reached as a boy. There are no shades of grey in between. It is either sink or swim, defeat or be defeated.

Death is a death of the soul in *More Man*. But the men in *cold storage* practice death as their profession, killing the animals that are delivered to the slaughterhouse. The fact that the setting to these shots is a slaughterhouse becomes evident only gradually from the sequence of images; the fact that killing is going on emerges in takes like the repeated cleaning of a bloody knife. It is only right at the end that we see man and animal together, when the man—apparently deep in thought—waits for the cow to be delivered by a conveyor belt. The camera captures them together, the waiting slaughterer, the animal dangling from the belt. Unmoved, as if taking no notice, the man gazes into space. A second carcass is transported into the picture section. Then the piece ends.

Echoes of films glorifying the industrial age with machines, conveyor belts, the linkage and intertwining of movements, velocities, directions, the

verherrlichen, verknüpfen sich mit Reminiszenzen an Gemälde. Ist die melancholische Versunkenheit des Mannes am Ende des Films vergleichbar mit der unheimlichen Erscheinung eines unbekannten Gastes in Tintorettos *Abendmahl* in San Polo in Venedig, der das Drama der Selbstentäußerung und Selbstopferung Christi, der mit beiden Händen die Hostien, seinen Leib als Sohn Gottes, verteilt, mit dunkler Teilnahmslosigkeit verfolgt?

Während *More Man* mit Bildteilungen operiert und die Aggression, die auf dem Spielfeld herrscht, durch Bildsprünge, rhythmische Wiederholungen, Sequenzierungen auf dem Projektionsfeld verstärkt, ist *cold storage* eine sich langsam entwickelnde, linear aufgebaute visuelle Meditation. Einstellung um Einstellung nähert sich die Arbeit dem Sujet. Es gibt retardierende Momente, Detailaufnahmen, die die Zeit stillzustellen scheinen, Fermaten, während derer der Blick auf einem herausgelösten Motiv ruht, bevor die Kamera ein neues Kapitel in der Schilderung aufschlägt, ein weiteres Detail enthüllt.

Mit Vor- und Rücksprüngen und verschiedenen Zeitebenen sowie Filmmaterial unterschiedlicher Herkunft arbeitet *Someone hears a shot*. Es ist eine von zwei Videoarbeiten Erik Levines, die ausschließlich *found footage*, vorgefundenes Material, verwendet und dessen Elemente zueinander in Beziehung setzt. Die Collage kombiniert zwei zeitliche Ebenen, welche beide mit der Figur des Vaters des Künstlers verknüpft sind. Auf der ersten Ebene werden Aufnahmen von einer Safari verwendet, welche der Vater in den 1970er-Jahren unternommen hatte. Ein Büffel wird erschossen. Ein Zebra wird erschossen. Der Jeep fährt durch das Unterholz. Hände halten die Köpfe erlegter Antilopen in die Kamera. Der Vater läuft von der Kamera weg in die Steppe hinaus, auf eine Herde von Zebras zu; in der finalen Sequenz hält er selbst die Kamera, während er auf eine Gruppe von Geiern zurennt, die vor ihm auffliegen.

Leonhard Emmerling

perfect harmony of automation, are combined with reminders of paintings. Is the slaughterer's melancholy immersion in thought at the end of the film comparable to the uncanny appearance of an unknown guest in Tintoretto's *Last Supper* in San Polo in Venice; a man who follows the drama of self-relinquishment and sacrifice with brooding indifference as Christ delivers up the host, his body as the Son of God, with both hands?

While *More Man* works with rhythmic repetitions and isolated parts of the images that accentuate the aggression dominant on the field of play, *cold storage* is a slowly developing visual meditation with a linear structure. This work approaches its subject take by take. There are retardant moments, recordings of detail that seem to make time stand still, fermata during which our eyes rest on an isolated motif before the camera opens a fresh chapter in the portrayal, revealing a new detail.

Someone hears a shot. skips forwards and backwards, using various levels of time as well as film material from different origins. It is one of two videos by Erik Levine that use exclusively found footage, interrelating the elements of this found material. The collage combines two temporal levels, both of which are linked to the figure of the artist's father. On the first level, there are images of a safari that his father undertook in the 1970s. A buffalo is shot. A zebra is shot. The jeep drives through the brush. Hands hold up the heads of slain antelopes to the camera. The artist's father walks away from the camera into the steppe, toward a herd of zebras; in the final sequence he himself is holding the camera while running toward a group of vultures that fly up at his approach.

Die zweite Ebene bildet Material, das sich um den bis heute ungeklärten Tod des Vaters dreht, der in Los Angeles in seinem Auto erschossen aufgefunden wurde. Ein Großteil des verwendeten Materials sind Fotografien aus der Presse und aus den Archiven der Polizei. Das restliche Material stammt von Fernsehberichten über den Mord. Erläuterungen der mit dem Mord befassten Beamten verklammern beide Zeitebenen.

Zur linearen Zeit, die sich zwischen den Aufnahmen von 1971 und denen von 1997 erstreckt, läuft parallel eine Todeszeit, eine zyklische Zeit, in der sich die Gewalt richtet gegen den, der Gewalt übt. Natürlich geht es hier nicht um irgendeinen Begriff von Gerechtigkeit; es geht vielmehr um die Zyklizität des Traumatischen. Der Vater des Künstlers, der an einer solchen Safari als Exzess des Tötens nicht nur einmal teilgenommen hatte, kam um durch das, was ihn faszinierte: die Waffe und die Gewalt, die ihn ohne Erklärung irgendwann selbst ereilte. Die Gewalt wiederholt sich und kehrt wieder als sinnloses Ereignis, das der Existenz ein plötzliches, durch nichts herzuleitendes Ende setzt.

In keiner der genannten Arbeiten tauchen Protagonistinnen auf, sieht man von der Polizeibeamtin in *Someone hears a shot.* ab, die – allerdings nur als Stimme aus dem Off – den Tatort und die Situation der Leiche beschreibt, als sie gefunden wurde. Es ist eine Welt der Männer, und sie ist in den genannten Arbeiten nicht nur durch das Thema des Todes, sondern durch die Rolle charakterisiert, die Tiere in ihr spielen. Es ist eindeutig, dass diese die Opfer der Männer sind, in einem einfachen Sinn, so wie Erik Levines Vater das Opfer seines Mörders war. Sie sind darüber hinaus aber Opfer in einem anderen, schwer bestimmbaren Sinn, der sich möglicherweise dann erschließt, wenn man den Protagonisten, beispielsweise in *cocker*, genau zuhört.

The second level comprises material focusing on his father's death, still unexplained today—he was discovered shot in his car in Los Angeles. The majority of the material used is photographs from the press and from police archives. The rest comes from television reports about the murder. Both temporal levels are bracketed by explanations from the detectives investigating the murder case.

Parallel to the linear time, which extends from the recordings of 1971 to those dating from 1997, there is a time of death, a cyclic time, in which violence is directed against the individual who perpetrates violence. This is, of course, not about some kind of concept of justice but rather about the cyclic nature of trauma. The artist's father, who had repeatedly taken part in such safaris, such excesses of killing, was ultimately killed by what had fascinated him: weapons and violence, which suddenly overtook him without explanation. The violence is repeated and returns as a senseless event putting a sudden and in no way foreseeable end to his existence.

In none of the works above do female protagonists appear, apart from the policewoman in *Someone hears a shot.*, who—only as a voice off screen, however—describes the scene of the crime and the situation of the body when it was found. This is a world of men, and in the aforementioned works it is not only characterized by the topic of death but also by the role played in it by animals. It is obvious that they are the victims of man, in a simple sense, just as Erik Levine's father was the victim of his murderer. Beyond this, they are victims in a different sense—difficult to define—that may emerge, however, when we listen very carefully to the protagonists, e.g. in *cocker*.

Der Hahn ist, so einer der zwei Männer, die hier zu Wort kommen, Bestandteil der Familie, er ist wie ein Sohn, für den der Mann Verantwortung trägt. Die Verbindung zwischen dem Mann und dem Tier ist charakterisiert durch die Intimität, die zwischen Familienmitgliedern herrscht. Zugleich übernimmt das Tier die Aufgabe, die Ehre der Familie zu verteidigen. Es vereint verschiedene Bestimmungen und Prädikate: Aggressivität, Ehre, Entschiedenheit, Triumph, Krieger, Sieg, Herkunft, Gladiator etc. Sollte ein Kampfhahn Feigheit zeigen, werden nicht nur er, sondern seine ganze Nachkommenschaft und alle mit ihm verwandten Tiere getötet. Mut oder Aggressivität ist eine Frage der genetischen Auslese, und diese muss ohne Mitleid durchgeführt werden.

Der Kampfhahn ist ein Stellvertreter, ein Doppelgänger, der die Männlichkeit seines Besitzers, Trainers, Pflegers, Beschützers und Liebhabers bis zum Tod verteidigt. (Selbstverständlich ist – und die Interviewpartner in *cocker* sprechen dies aus – Hahnenkampf auch ein Geschäft, und man sollte sich davor hüten, es mit zu viel bluttriefendem Pathos, das sich in Archaismen suhlt, aufzuladen.) Doch es gibt, neben dem Geschäft, das die Männer mit ihren Tieren betreiben, die Intimität und Zärtlichkeit, die Verzweiflung und Trauer, den Rausch und die Ekstase, die den Mann mit dem Tier, das für ihn kämpft, verbindet. Der Hahn, der wie ein Sohn ist, ist eine Extension des Mannes, der ihn pflegt und ausbildet, um ihn schließlich als Einsatz im Kampf um Ehre und Gewinn in die Arena zu schicken, wo er notfalls bis zum Tod zu kämpfen hat. Der Hahn, der im Sand der Arena stirbt, ist der Sohn, den der Vater opfert.

Es ist schwer zu entscheiden, ob man hier von Animismus sprechen sollte. Es handelt sich um eine Differenzverwischung und um eine Projektion – oder um eine Extension des Seelischen, oder um eine Beseelung dessen, über dessen Seele man nichts weiß. Die Differenzverwischung – das Tier ist wie ein

Leonhard Emmerling

According to one of the two men that speak here, the cock is part of the family; it is like a son for whom this man bears responsibility. The connection between the man and the animal is characterized by the intimacy existing between members of a family. At the same time, the animal is tasked with defending the family's honor. It unites different purposes and qualities: aggressiveness, honor, decisiveness, triumph, warrior, victory, origins, gladiator etc. If a fighting cock were to demonstrate cowardice, not only would it be killed: all his progeny and the animals related to it would be, as well. Bravery or aggressiveness is a question of genetic selection, which must be implemented without pity.

The fighting cock is a representative, a kind of double, which defends the manliness of his owner, trainer, caretaker, protector, and lover—to the death. (Of course cock fighting is also—and the interview partners in *cocker* are quite open about this—a business, and we should avoid charging it with too much blood-soaked pathos, wallowing in archaisms.) But besides the business that the men run with their animals, there is the intimacy and the tenderness, the despair and the mourning, the intoxication and the ecstasy that binds the man to the animal that is fighting for him. The cock that is like a son is an extension of the man who cares for and trains it, only to send it into the arena to fight for honor and profit, where it may be forced to fight to the death. The cock that dies in the arena is the son that the father sacrifices.

It is difficult to decide whether this is a case of animism. It is a matter of blurring distinctions and projections and an extension of the spiritual, lending a soul to a creature about whose soul we know nothing. However, the blurring of

Sohn – verschärft aber zugleich eine andere Differenz: Das Tier darf, im Unterschied zu diesem, geopfert werden. Es ist, weil es nicht der Sohn ist, der Sohn, der geopfert werden darf, da dieser nicht geopfert werden kann. Das Tier trägt die Last der Ehre der Männlichkeit bis zu jenem Extrem, das zu leben dem Mann und seinem Nachfahren, um deren Ehre es geht, nicht abverlangt werden darf.

Man versteht den Gewaltexzess, den Rausch beim Hahnenkampf, das reihenweise Töten der Tiere auf der Safari falsch, wenn man darin den Ausdruck oder die Realisierung einer genuin zerstörerischen Natur des Mannes sähe. Vielmehr, so scheint es, könnte die Gewalttätigkeit, die sich in der Aggressivität der Trainer, dem Gewaltfetischismus des Jägers, dem Blutrausch der Teilnehmer am Hahnenkampf (die Erik Levine in deutlicher Parallelität zu den Trainern der jungen Sportler porträtiert) manifestiert, als Ausdruck jener fundamentalen Leere verstanden werden, die sich auftut, sofern man nach Männlichkeit als Essenz, als Substanz sucht. Von einer genuin destruktiven Natur des Mannes zu sprechen, gleicht der Rhetorik des Besitzers des Kampfhahnes, der die Aggressivität des Tieres seiner genetischen Veranlagung zuschreibt, als nutze er sie nur wie eine natürliche Ressource, an deren Zustandekommen er keinen Anteil hat. Verantwortung wird in den Bereich der Natur verschoben, während doch genetische Auslese als kulturelle Praxis betrieben wird und Natur von Biokultur ununterscheidbar geworden ist. Die Natur, die den Menschen umgibt, ist schon längst jene, welche er durch ihre Kulturierung schuf.

Das triangulatorische Feld von Männlichkeit, Tier und Tod ist kein natürliches, da auch die Annahme, es gäbe eine „Natur" des Mannes eine kulturelle Annahme ist. Die Gewalt gegenüber dem Tier, in welcher sich die Todesverfallenheit des Männlichen Realität verschafft, resultiert aus der Unaushaltbarkeit jenes Abgrundes, in welchen die jungen Männer blicken. Todesverfallenheit

distinction—the animal is like a son—simultaneously hones another difference: it is permissible to sacrifice the animal as opposed to giving up a son. The cock is—because it is not a son—the son that can be sacrificed, as the real son could never be. The animal bears the extreme burden of masculine honor, an extreme that cannot be demanded from the man and his progeny—but this is all about their honor.

Excess of violence, the intoxication at cockfights, the serial killing of animals on safari are all misunderstood if we see them as an expression or realization of a genuine destructive nature on the part of the man. Far more, or so it seems, the violence that manifests in the aggression of the trainer, the violent fetishism of the hunter, the ecstasy of blood among the cockfight's participants (who Erik Levine portrays in obvious parallel to the young sportsmen's trainers) could be understood as an expression of the fundamental emptiness that arises when masculinity is sought as an essence or substance. To speak of man's genuinely destructive nature is similar to the rhetoric of the fighting cock's owner, who attributes the animal's aggressiveness to its genetic make-up, as if he was merely using it like a natural resource—having played no part in its development in the first place. Responsibility is shifted to the field of nature, whereas genetic selection is implemented as a cultural practice, and nature has become indistinguishable from bioculture. Mankind's natural environment is something that he has created through its cultivation.

The triangulation of masculinity, animals, and death is not a natural one, since the assumption that man has a "nature" is a cultural assumption, too. Violence toward the animal, in which a reality is created by masculinity and

deswegen, weil es für eine Gründung des Mannseins auf eine Substanz keine Begründung gibt und weil nichts gründlicher die Männer davon überzeugt, dass sie noch am Leben sind, als der Tod jener Wesen, denen sie in ihrer Animalität so gleichen. Es gibt eine Logik zwischen der Auffassung des Mannes als genuin gewalttätig oder animalisch und dem Blutrausch, in welcher das Tier zum Opfer dieses Mannseins wird. Der Tod des Tieres, des Trägers jener extremen Prädikate von Männlichkeit, ist die Garantie des eigenen Überlebens und der Beweis dafür, dass zu überleben möglich ist.

Es muss sich im Außen dessen, das als Substanz nicht definiert werden kann, ein anderes finden, das sich überwinden lässt. Dieses Andere ist in Erik Levines genannten Arbeiten das Tier, das als Extension des Männlichen sein Anderes repräsentiert, das zu opfern ist, damit sich im Innern Männlichkeit als das, was siegt und überlebt, beschreiben, aufrechterhalten und praktizieren lässt. Der Mann ist der Sieger, der Triumphator, und nichts kündet von seiner Kraft deutlicher als der Tod seines Selbst als Anderes, als der Sieg über den Teil seines Selbst, der schwächer war. Der Mann ist der Mensch, der überwindet. Insofern dies eine unabschließbare Aufgabe ist, verlangt die Konstruktion des Mannes als Tier, das stärker ist als andere Tiere, die stete Wiederholung der Tötung. Es ist diese Tötung als Tötung dessen, womit der Mann in Intimität verbunden ist, die Tötung des Sohnes, welche die Aura der Trauer und der Melancholie hervorruft, welche die Männer umgibt. Diese Melancholie ist eine des beschädigten Narzissmus; den Schmerz, den der Mann dem Tier zufügt, fügt er sich selbst zu, als verfüge ein übermächtiges Schicksal, dass dies so zu sein habe. Seine Melancholie ist die eines pathetischen Selbstmitleids, Resultat einer Zwangshandlung, die nicht nur auf das Außen zielt, sondern den Schmerz im Innern immer erneut hervorzurufen gezwungen ist, da nur der Schmerz davon kündet, dass man noch am Leben ist.

Leonhard Emmerling

its bondage to death, results from the intolerable nature of that same abyss into which the young men are gazing. It is a bondage to death because there is no substantial reason behind the basis of being a man, and nothing convinces men more that they are still alive than the death of a being they resemble so much in their animality. There is a logic linking the understanding of man as genuinely violent or bestial and the ecstasy of blood in which the animal becomes the victim of this being a man. The death of the animal as the bearer of that extreme quality of masculinity guarantees one's own survival, and provides evidence that it is possible to go on living.

It is essential to find an other, outside of what is indefinable as substance, and this other must allow itself to be subdued. In the abovementioned works by Erik Levine, this other is the animal that—as an extension of masculinity—represents man's other, which must be sacrificed. All this enables masculinity in the inner world to be described, upheld, and practiced as something that can prevail and survive. The man is the victor, he is triumphant, and nothing proclaims his strength more strikingly than the death of his self as other, a victory over a part of himself that was weaker. The man is the being who prevails. Insofar as this is a task that can never be completed, the construction of man as an animal stronger than other animals calls for continual repetition of killing. It is this killing, as the killing of the thing to which man is bound in intimacy—the killing of the son—which generates the aura of mourning and melancholy surrounding the men. This melancholy is born of injured narcissism; the man is inflicting the pain that he inflicts on the animal upon himself, as if an omnipotent fate were determining that things must

Eine solche Konstruktion von Männlichkeit nimmt Erik Levine in den genannten Arbeiten mehrfach durch Überkreuzung von Ton- und Bildebene vor. So koppelt er die beschreibende Rekonstruktion der Ermordung des Vaters durch den Kriminalbeamten mit Aufnahmen des unter den Kugeln zusammenbrechenden Büffels, sodass die Worte, die sich auf den Schützen und das spätere Opfer beziehen, ebenso auf das im Todeskampf sich quälende Tier, sein Opfer, gemünzt sein könnten. In *cocker* beobachten wir die ausdruckslosen Gesichter mehrerer alter Männer, die in die Arena nach unten blicken, während aus dem Lautsprecher immer wieder die Sätze „Es verliert, es verliert, es hat verloren" klingen, und unweigerlich werden die im Bild befindlichen Männer mit den im Kampf unterlegenen Hähnen identifiziert.

Es gibt neben diesen drei Arbeiten noch Werke, die das Thema der Männlichkeit in weniger drastischer Weise aufgreifen; *coyoteNorth* befasst sich mit den traurigen Verhältnissen mexikanischer Illegaler, die auf der Del-Mar-Pferderennbahn in Südkalifornien arbeiten und sich eingestehen müssen, dass sich ihre Hoffnungen nicht erfüllten und ihnen das Heimweh das Herz bricht. *post time* ist ein melancholischer Abgesang auf den schal gewordenen Thrill des Wettens und die müde gewordene Männlichkeit, die auf der leeren Pferderennbahn, auf der kein Einsatz mehr Gewinn bringt, dem Ende entgegenwartet. Doch auch in diesen Arbeiten ist die Ebene des Todes als Hintergrundfolie gegenwärtig, und erst in *Still Lifes*, der jüngsten Arbeit, löst sich die Koppelung von Tod und Männlichkeit. Gefilmt in mehreren Altersheimen in und in der Nähe von Buenos Aires (auch *cold storage* wurde in Argentinien aufgenommen), entwickelt Erik Levine einen Spiegelraum, in dem Reflektionen und Überblendungen in Glasflächen, die Schatten von Vorhängen auf Wänden, die Aufnahmen, in denen Betrachtende und Betrachtetes, Kopf und Fernsehschirm, der abgewendete Blick und das

be so. His melancholy is that of a pathetic self-pity, the result of a compulsive act directed not only against the outside but also compelled to engender constant pain within, as well, since only this pain evidences that he is still alive.

Erik Levine undertakes a multiple construction of such masculinity in the abovementioned works by weaving image and sound together. So, for example, he links the descriptive reconstruction of his father's murder by the detectives with recordings of the buffalo collapsing under a hail of bullets, so that the words referring to the shooter and the later victim could also be chosen and applied fittingly to describe the animal, his victim, suffering in its struggle to avoid death. In *cocker* we observe the expressionless faces of several older men looking down into the arena, while repeatedly hearing the following words from the loudspeakers, "it's losing, it's losing, it's lost," and inevitably the men in the image are identified with the cocks defeated in the fighting.

Besides these three works, there are various others incorporating the issue of masculinity in a less drastic manner; *coyoteNorth* is concerned with the sad conditions of illegal Mexican immigrants working in the backside of Del Mar racetrack in Southern California who have to admit to themselves that their hopes have not been fulfilled and homesickness is breaking their hearts. *post time* is a melancholy swansong to the thrill of betting gone stale, and masculinity grown weary, waiting for the end at an empty racetrack where no bet can result in a win. But in these works as well, the aspect of death is present as a background foil, and it is not until *Still Lifes*, the most recent work, that the link between death and masculinity dissolves. Filmed in several geriatric institutions

betrachtete Bild eine Einheit ergeben und als Metaphern für Erinnerungen oder die Wiederkehr des Vergessenen verstanden werden können. Zwar entkoppelt Erik Levine hier Männlichkeit und Tod, doch entkoppelt er ihn nicht von Geschlechterzugehörigkeit. Das Altern vollzieht sich gemäß den Regeln, gemäß denen sich das Leben als Mann oder als Frau vollzogen hatte. Und das Drama der Suche nach Kontakt, das Drama der Beziehung verliert nichts an Schärfe und Gnadenlosigkeit, wenn in dem Gesicht des Mannes, dessen Brille, ohne zu fragen, die sich zu ihm setzende Frau benutzt, sich Ärger und Widerwille abzeichnen, bevor er sich mühsam erhebt und sie zurücklässt, die nun wiederum sich emporquält, um ihm zu folgen, der sie ob ihrer Respektlosigkeit verlassen hat. Die Suche nach dem Gegenüber, das antworten könnte, erfolgt als Akt der Verzweiflung, und nur jene sind verloren, denen niemand mehr antwortet oder die die Antwort nicht mehr hören können. Es ist die Unmöglichkeit des Gesprächs, es ist die ausweglose Selbstbezogenheit, es ist der Narzissmus, in welchem die Todesverfallenheit der Männer in *cocker* und den anderen genannten Arbeiten begründet liegt; *Still Lifes* hingegen bestimmt das Ersterben des Gesprächs, das Ausbleiben der Antwort, die Verweigerung der Verantwortung als Übernahme des Bildes des Anderen, die Ausweitung der Stille, das Verschwinden des Gegenübers als Momente des Todes. Dann, wenn niemand mehr antwortet, ist man tot.

Neben *Someone hears a shot.* gibt es eine zweite Arbeit, die mit gefundenem Material arbeitet, *a confession.* Ihre Dauer beträgt lediglich drei Minuten. Das Material wurde Erik Levine von der Beamtin zur Verfügung gestellt, die sich mit dem Fall der Ermordung seines Vaters befasste und deren Stimme wir im Folgenden hören.

Die erste Szene zeigt, wie einem Mann in einer Verhörzelle von einem Polizisten eine Flasche Wasser gereicht wird, woraufhin der Polizist

Leonhard Emmerling

in and around Buenos Aires, Argentina, (*cold storage* was also shot in Argentina), Erik Levine develops a mirror space, in which reflections and overlaps in glass surfaces, the shadows of curtains on the walls, the shots with the viewers and what they are watching on the television screens, the averted gaze and the image observed culminate in a unified whole. They can be understood as metaphors of memories or the return of things forgotten. It is true that Erik Levine breaks the link between masculinity and death here, but he does not break the ties of gender identification. Ageing comes about in accordance with the rules, in accordance with how life has been lived as a man or a woman. And the drama of our search for contact, the drama of relationships, loses nothing of its clarity and mercilessness; when anger and disgust appear in the face of a man whose glasses a woman sitting down with him uses without asking for permission, before rising slowly to leave her behind; when she rises as well with tortuous difficulty in order to follow the man who has abandoned her because of her lack of respect. The search for a counterpart who might respond is an act of despair: only those whom no one answers are lost, or those who cannot hear the response. This shows the impossibility of conversation, the same inescapable self-involvement, the narcissism that is the foundation of men's bondage to death in *cocker* and the other abovementioned works; by contrast, *Still Lifes* describes the death of interaction, the failure to answer, the refusal to take responsibility in accepting the image of the other, the spread of silence, the disappearance of the counterpart as moments of death. And then, when no one answers anymore, you are dead.

die Zelle verlässt. Der Mann trinkt, mit vernehmlichem Keuchen nach jedem Schluck, bevor er aus dem Hosenbund eine Pistole zieht, sie entsichert und sie an die Schläfe setzt. In diesem Moment, da der Schuss ertönt, wird das Bild schwarz. Man hört Geräusche, wie ein metallener Gegenstand, wohl die Waffe, zu Boden fällt und wie eine Flüssigkeit auf den Boden tropft. Dann folgt das Bild der leeren Zelle, bevor der Verdächtige sie betreten hatte, und verdunkelt sich wieder. In das Schwarzbild hinein beginnt eine Polizeibeamtin zu sprechen. Ihr kurzer Monolog handelt davon, dass alle Verdächtigen zu Anfang der Befragung eine Tatbeteiligung zu leugnen pflegen; sie erwähnt Körpersprache als enorm hilfreiches Indiz beim Versuch der Wahrheitsfindung und erhebt die Forderung, man müsse Verdächtigen einen Ausweg anbieten, der ihnen das Gefühl vermittle, keine schlechte Person zu sein. Bild- und Tonebene wechseln einander ab, d. h. die Stimme der Beamtin ist immer nur über dem Schwarzbild zu hören. Die Bildebene, auf welcher mit dem Ende der „Handlung" eingesetzt worden war, zeigt nun die Abfolge der dem Suizid vorangehenden Sequenzen: wie der Mann in den Raum geführt wird, wie er auf die Rückkehr des Polizisten wartet etc.; schließlich wiederholt sich die bekannte Anfangsszene, doch nun ohne Ton. Als finale Aufnahme ist der leere Raum vor dem Eintritt des Verdächtigen erneut zu sehen. Die letzten Worte der Polizistin über dem Schwarzbild beziehen sich auf die Vermutung, dass „er" (wobei unklar ist, ob sie sich auf den konkreten Fall bezieht, dessen tragisches Ende wir verfolgen) einen Grund dafür gehabt haben muss, zu tun, was er tat; irgendetwas müsse ja schließlich vorgefallen sein.

Wie *Someone hears a shot.* ist auch *a confession* zyklisch aufgebaut. Mit der Wiederholung des Bildes, das den leeren Raum vor dem Eintritt des Verdächtigen zeigt, wird ein Hinweis darauf gegeben, dass sich die Ereignisfolge

Besides *Someone hears a shot.* there is a second work using found material, *a confession*. Its duration is only three minutes. The material was made available to Erik Levine by one of the detectives working on the case of his father's murder, and we subsequently hear her voice.

The first image shows a man in an interview room being passed a bottle of water by a police officer, after which the officer leaves the interrogation room. The man drinks, with audible gasps after each mouthful, before taking a pistol from his belt, releasing the safety catch, and putting it to his head. The very moment we hear the shot, the image goes black. We hear noises, as a metal object—probably the gun—falls to the ground and a liquid drips onto the floor. This is followed by an image of the empty room before the suspect entered, which is then blacked out once more. A detective begins to speak into the darkness of this image. Her short monologue is about how all suspects tend to deny involvement in a crime at the start of questioning; she mentions body language as an extremely helpful indication when seeking the truth, and makes the point that it is essential to offer the suspects an escape route, one which allows them to feel they are not bad people. The visual images and audio alternate, that is, the voice of the detective is always only heard over black. The video, which had begun with the end of the "action," now shows the order of events preceding the suicide: the man being brought into the room, waiting for the return of the detective, etc. Finally, the familiar scene from the beginning is repeated but without sound this time. As a final shot, we can see the empty room before the suspect enters once again. The last words of the detective over black refer to the supposition that "he"

wiederholen könnte. Doch worin liegt das „Geständnis", von dem der Titel spricht? Der Kommentar der Polizistin, man müsse den Verdächtigen einen Ausweg anbieten, kollidiert mit der Bildebene, auf welcher synchron zum zweiten Mal der Griff des Mannes zur Pistole gezeigt wird; ihm hatte sich offenbar kein Ausweg mehr geboten. Der letzte Satz aber legt nahe, dass die Selbsttötung des Mannes Beweis seiner Schuldhaftigkeit sei, da er einen Grund gehabt haben müsse, sich zu töten. Sein Suizid ist Eingeständnis einer Schuld, von der wir als Betrachtende keine Kenntnis haben. Es geht also, im Gegensatz zu *Someone hears a shot.*, um Gerechtigkeit.

Auf der visuellen Ebene erzählt die Arbeit die Handlung von ihrem Ende her, dem Suizid des Verdächtigen, und verfolgt damit eine Strategie, die in Übereinstimmung mit der Überzeugung der Polizistin steht, nur die Wahrheit, nicht aber die Lüge könne man rückwärts erzählen. *a confession* erhebt somit Anspruch, die Wahrheit zu berichten. Wie aber ist es, nicht nur in *a confession*, sondern in Erik Levines Arbeiten generell, um das Verhältnis zwischen dem Kunstwerk und der Realität, von der es handelt, bestellt? Um welche Form von Erzählung der Wahrheit handelt es sich?

Während die meisten Teilnehmerinnen und Teilnehmer des kunstwissenschaftlichen, philosophisch inspirierten Diskurses nicht oft genug wiederholen können, dass alle Wirklichkeit eine Konstruktion sei, geistert durch die kunsthistorische Literatur immer noch das Gespenst des Realismus, als könne man ignorieren, dass uns im Bild nun einmal keine Darstellung einer Wirklichkeit gegeben ist, die sich auf eine Wirklichkeit außerhalb des Bildes zuverlässig übertragen oder von ihr herleiten ließe.[1] Darüber zu diskutieren, ob eine Arbeit die Wahrheit wiedergebe, ist müßig. Kunstwerke sind keine Texte und machen keine Aussagen. Kunstwerke kann man nicht verneinen.[2]

[1] Vgl. Erwin Panofsky, *IDEA. Ein Beitrag zur Begriffsgeschichte der älteren Kunsttheorie* (1924), Berlin 1989, S. 71 f.: „[Wir glauben erkannt] zu haben, dass die künstlerische Anschauung ebenso wenig einem ‚Ding an sich' gegenübersteht, als der erkennende Verstand, vielmehr – genau wie jener – der Gültigkeit ihrer Ergebnisse gerade deswegen sicher sein darf, weil sie selbst ihrer Welt die Gesetze bestimmt. [...]".

[2] Vgl. Jakob Steinbrenner, „Bildtheorien der analytischen Tradition", in: Klaus Sachs-Hombach (Hg.), *Bildtheorien. Anthropologische und kulturelle Grundlagen des Visualistic Turn*, Frankfurt am Main 2009, S. 285.

Leonhard Emmerling

[1] Cf. Erwin Panofsky, *IDEA. A Concept in Art Theory*, Columbia 1968, p. 126: "We believe to have realized that artistic perception is no more faced with a 'thing in itself' than is the process of cognition; that on the contrary, the one as well as the other can be sure of the validity of its judgements precisely because it alone determines the rules of its world.[...]".

(whereby it is not clear whether she is referring to the concrete case whose tragic end we have seen) must have had a reason for doing what he did; after all, something must have happened.

Like *Someone hears a shot.*, the structure of *a confession* is cyclic. The repetition of the image showing the empty room before the entry of the suspect indicates that the sequence of events might well be repeated. But where is the "confession" referred to in the title? The comment by the detective, that the suspect must be offered an escape route, collides with the picture we are shown with the man's move to draw his pistol; for him, obviously, no other escape route was offered. But the final phrase she says suggests that the man's suicide was proof of his guilt, as he must have had a reason to kill himself. His suicide is a confession of guilt, about which we as viewers remain ignorant. By contrast to *Someone hears a shot.*, therefore, this is about justice being done.

On the visual level, the work tells its tale in reverse from the end—the suspect's suicide—and then pursues a strategy complying with the detective's conviction that only the truth, and not lies, can be told from the conclusion backwards. *a confession* thus claims to report the truth. But what actually is the relationship between the work of art and the reality it deals with—not only in *a confession* but in Erik Levine's works in general? What narrative form of truth are we dealing with here?

While most participants in art-theoretical, philosophically inspired discourse cannot repeat often enough that all reality is a construction, the ghost of realism still haunts art-historical literature, as if it was possible to ignore the fact

Das Verhältnis zwischen Kunstwerk und Wirklichkeit als Verhältnis des Kunstwerks zu seiner Wahrheit zu bestimmen, muss notwendigerweise fehlgehen. Es geht nicht um eine Adäquation[3] oder Übereinstimmung, eine Entsprechung zwischen einem Tatbestand und seiner mimetischen Wiedergabe, sondern um eine innerwerkliche Folgerichtigkeit und Konsistenz im Bemühen darum, eine Aussage zu treffen. Mit deren Gehalt mag man als Kunstbenutzerin oder -benutzer übereinstimmen oder nicht; unsere Zustimmung oder Ablehnung ist aber nachrangig oder gar völlig gleichgültig, wenn es darum geht zu bestimmen, auf welche Weise ein Werk sein Geflecht semantischer und syntaktischer Verdichtungen zu etablieren versucht, das sich als Träger einer Aussage (oder als Medium der Verweigerung einer Aussage) verstehen und deuten lässt – und ob die Art und Weise, diese Aussage zu etablieren, unser Interesse verdient. In anderen Worten: Die Frage nach der Qualität des Werks ist unabhängig von der Kategorie des Moralischen zu beantworten.

Und moralische Fragen lassen sich an eine Arbeit wie *a confession* viele stellen, unter anderen die, ob es uns zusteht, sie anzusehen; ob es nicht nur legal, sondern auch legitim war, dass die Beamtin das Material weitergab; und ob, sofern wir ihrer Aussage zustimmen, dass der Suizid ein Schuldeingeständnis sei, wir auch dem Strafmaß zustimmen, zu dem der Verdächtige sich selbst verurteilte. Doch betrifft die Ungewissheit, ob es angemessen ist, dem zuzusehen, was wir zu sehen bekommen, auch *Still Lifes* und Teile von *Someone hears a shot.*, von *cold storage* und *More Man*. Liegt die Beunruhigung und Verstörung möglicherweise darin begründet, dass Erik Levine sich unserem Verlangen nach einem Urteilen entzieht; er sich nicht zum Komplizen unseres Begehrens macht, zu einer Haltung zu finden bezüglich der brüllenden Trainer, der mitleidlosen Tierquäler, des Großwildjägers und seiner grotesken Gier nach Trophäen? Dass er sich mit

3   Vgl. Martin Heidegger, „Platons Lehre von der Wahrheit" (1930/1931), in: ders., *Wegmarken*, Frankfurt am Main 1978, S. 216: „Wahrheit bedeutet für das abendländische Denken seit langer Zeit die Übereinstimmung des denkenden Vorstellens mit der Sache: *adaequatio intellectus et rei*.".

2   Cf. Jakob Steinbrenner, *Bildtheorien der analytischen Tradition*, in Klaus Sachs-Hombach (ed.), *Bildtheorien. Anthropologische und kulturelle Grundlagen des Visualistic Turn*, Frankfurt am Main 2009, p. 285.

3   Cf. Martin Heidegger, *Platons Lehre von der Wahrheit* (1930/1931), in: same author, *Wegmarken*, Frankfurt am Main 1978, p. 216: "[...] for a long time now in Western thinking, 'truth' has meant the agreement of the representation in thought with the thing itself: *adaequatio intellectus et rei*.".

that in the image we are not offered a representation of reality that can be transferred reliably to any reality outside of the image, and cannot be derived from that external reality.[1] Discussing whether a work reflects truth is idle speculation. Artworks are not texts and do not make statements. Artworks cannot be denied.[2]

Any attempt to define the relationship between artwork and reality as the relationship of the artwork to its truth necessarily fails. It is not a matter of equivalence[3] or agreement, a correspondence between a state of facts and its mimetic reproduction, but of work-internal logic and consistency in the artist's efforts to convey a message. As users of art, we may agree with the work's content or not; but our agreement or rejection is secondary or even completely without significance. Rather, it is a matter of determining in what way a work attempts to establish its weave of semantic and syntactic concretions, which can be understood and interpreted as the carrier of a statement (or as the medium by which to deny a statement)—and whether the manner in which this statement has been established is worthy of our interest. In other words: the question of a work's quality must be answered independently from the moral category.

And many moral questions can be posed on the basis of a work like *a confession*, including whether we are entitled to watch it; whether it was either legal or legitimate for the detective to pass on the material; and whether, insofar as we agree with her statement that the suicide was an admission of guilt, we also agree with the degree of punishment to which the suspect apparently sentenced himself. But our uncertainty whether it is fitting to watch what we are shown also applies to *Still Lifes* and parts of *Someone hears a shot.*, *cold*

seinen Gegenständen und Protagonisten auf eine Art und Weise befasst, die völlig davon absieht, über sie ein Urteil zu fällen, sondern durch distanzierte Empathie charakterisiert ist, eine urteilsfreie, registrierende Neutralität?

Zugleich wäre es falsch, und Erik Levine verwahrt sich zu Recht dagegen, sein Verfahren dokumentarisch zu nennen. Ganz offenkundig sind die Bildfolgen in jeder Hinsicht – Bildausschnitt, Sujet, Farbe, Dauer, Sequenz – Ergebnisse eines sorgfältigen Komponierens und hochartifizieller Montagen, deren Wirkung durch den Einsatz von Musik noch verstärkt wird. Die langsamen Schnitte und langen Einstellungen sollen eine zunehmend emotionale Teilnahme am und eine Identifikation mit dem geschilderten Geschehen ermöglichen, einem Geschehen, von dem wir uns aber in den meisten Fällen urteilend distanzieren wollen. In dieser Reibung oder Spannung zwischen der Verweigerung des Urteils über die Protagonisten seiner Arbeiten und ihre Handlungen und der Sorgfalt in der Komposition, die man als Spannung zwischen den formal-werkkonstituierenden und den semantischen, sich der moralischen Bewertung geradezu aufdrängenden Schichten des Werks bezeichnen könnte, liegt das Beunruhigende seiner Arbeiten.

Erik Levines Behandlung des Themas des Todes – von der Todesverfallenheit der in ihrem autistischen Narzissmus (oder einfacher: der in ihrem Mannsein) gefangenen Männer bis zu den quälenden Szenen aus dem Altersheim – reflektiert dadurch, dass die Arbeiten moralisch problematisch sind (ist es richtig und angemessen, dass ich ansehe, was ich sehe?), die Tatsache, dass der Tod ein Problem ist. Was aber hat sich verändert, dass es Sinn macht, vom Tod als Problem zu sprechen? Es ist der Umstand, dass, wie das Leben auch, der Tod als Sterben in der säkularen Welt Gegenstand der Selbstsorge geworden ist. Der Tod soll mit Würde gestorben werden. War Würde, was niemandem abzusprechen ist, ist sie nun Aufgabe, die nicht nur im Leben, sondern auch im Sterben zu

Leonhard Emmerling

storage, and *More Man*. Is it possible that the disquiet and agitation we feel is founded in Erik Levine's avoidance of our desire for judgement; that he does not make himself complicit in our wish to take a position regarding the bawling coach, the animal torturer lacking in empathy, or the big game hunter and his grotesque greed for trophies; that he deals with his subjects and protagonists in a way that completely avoids any judgement of them and is instead characterized by a distanced empathy, registering neutrality without a verdict?

At the same time, it would be wrong—and correctly prompt Erik Levine's rejection—to term his method documentary. It is quite obvious that the image sequences are in every respect—pictorial selection and framing, subject, color, duration, sequence—the outcome of careful composition and highly artificial and constructed montages, the effect of which is underlined still more by the use of music. The slow cuts and long takes are intended to give us opportunity for heightened emotional participation in and identification with the events depicted, events from which, however, in most cases we wish to distance ourselves judgmentally. The disquieting nature of his works lies in this friction or tension between the refusal to sit in judgement over the protagonists of his works and their actions, and the care taken in composition; this might be described as tension between the formal or aesthetic and the semantic layers of the work.

Erik Levine's treatment of the theme of death—from the bondage to death of men caught in autistic narcissism (or, to put it more simply: in their masculinity) to the tortuous scenes from the old people's home—reflects that death is a problem because these works are morally problematic (is it right and fitting for

bewältigen ist. Das Sterben, sofern es je ein natürliches Ereignis war, ist nun Bestandteil kultureller Praxis; es obliegt dem Einzelnen, während des Lebens dafür Sorge zu tragen, dass es nicht an Würde mangelt, wenn man den Zeitpunkt nahen fühlt. (Was als Freiheit jenen vorbehalten gewesen war, die sich das Leben nahmen, soll aber bald Freiheit aller werden: den Zeitpunkt des Todes zu bestimmen; analog zu dem Verfügungsvermögen, das die Menschen sich bereits bezüglich des Anfangs des Lebens zu verschaffen vermocht haben.)

Das Sterben als kulturelle Praxis in der säkularen Welt kann und muss, wie das Leben, das einer führt, Gegenstand moralischen Urteilens werden. Dies ist das Problematische des gegenwärtigen Todes. Erik Levines Arbeiten – zwischen Mitleidlosigkeit und unbestechlicher Empathie, zwischen scheinbar kühler, neutraler Bestandsaufnahme und emotionaler Aufladung – verweigern die Möglichkeit, den Tod als Pathos – als zu Erleidendes – zu begreifen. In einer säkularen Welt, die sich den Trost des Jenseits versagt, ist der Tod mitleidlos, und in der Mitleidlosigkeit, mit der sich Erik Levine es versagt, Urteile zu fällen, die Trost zu spenden in der Lage wären, oder Zuflucht gewährten im scheinbar kulturfernen Bereich des Natürlichen, liegt das Unspektakulär-Skandalöse seines Werks. •

me to watch what I am seeing?). But what is it that has changed so that it makes sense to speak of death as a problem? It is the fact that death, dying in the secular world, has become a subject to worry us personally, just like life. We ought to undergo death in a dignified fashion. Dignity used to be something no one could be denied; it is now a task to be completed successfully, not only in life but also when dying. Dying, insofar it was ever a natural event, has now become a component of cultural practice; it is up to the individual to make sure during his or her life that dignity will not be lacking when his or her time is drawing to a close. (Soon, however, the freedom the suicide took for himself will become a freedom for everybody: freedom to determine the moment of death; analogous to our capacity to dispose of matters at the beginning of life, which humanity has already achieved.)

Like the life a person leads, dying as a cultural practice in the secular world can and must be the object of moral judgement. This is the problematic aspect of contemporary death. Erik Levine's works—between lack of sympathy and incorruptible empathy, between apparently cool, neutral registering of facts and emotional charging—deny us the possibility to understand death as pathos, as something to suffer. In a secular world that denies itself the comfort of the other side, death is without mercy, and the unspectacular, scandalous nature of Erik Levine's work lies in the mercilessness with which he denies himself the right to make judgements that might offer some comfort or provide refuge in the natural realm as distinct from culture. •

Someone hears a shot.

Someone hears a shot.,
2008, Ein-Kanal-Video, Farbe,
Surround-Sound, 10' /
Single-channel video, color,
surround sound, 10'

Someone hears a shot. fokussiert mithilfe von Medienberichten über den Mord am Vater des Künstlers, auf Tonband aufgenommenen Interviews der mit dem Fall befassten Polizeibeamten und Originalaufnahmen einer Safari in Afrika, an der Levines Vater 1971 teilgenommen hatte, zwei Abschnitte eines Lebens, die durch Gewalt sowie durch die Verbindung zwischen Jäger und Gejagtem verknüpft sind.

Using news reports of the artist's father's murder, audio interviews with the detectives working on the case, and original film footage from an African safari his father took in 1971, the work amplifies the link between hunter and hunted as seen through the overlapping stories of a singular life.

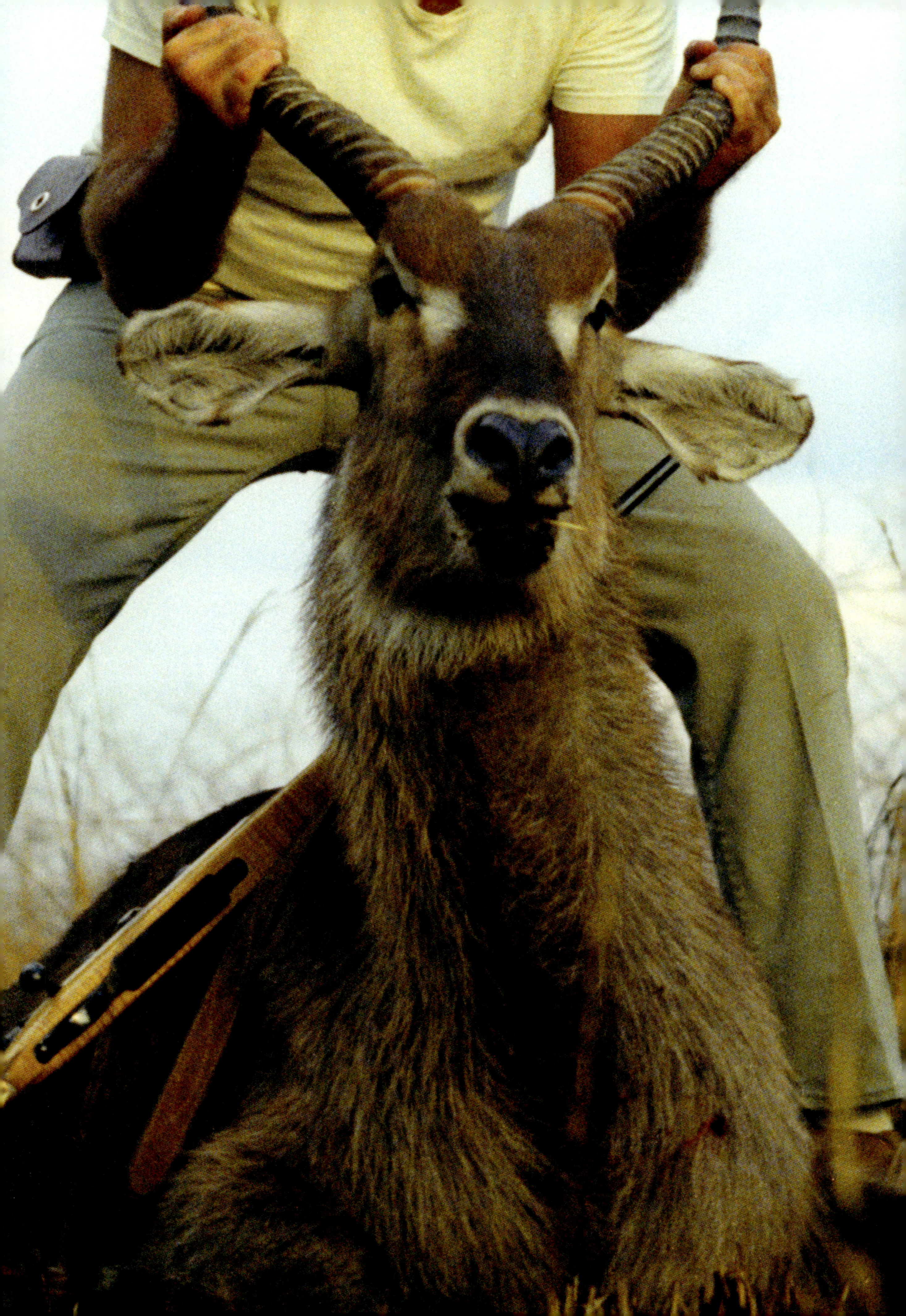

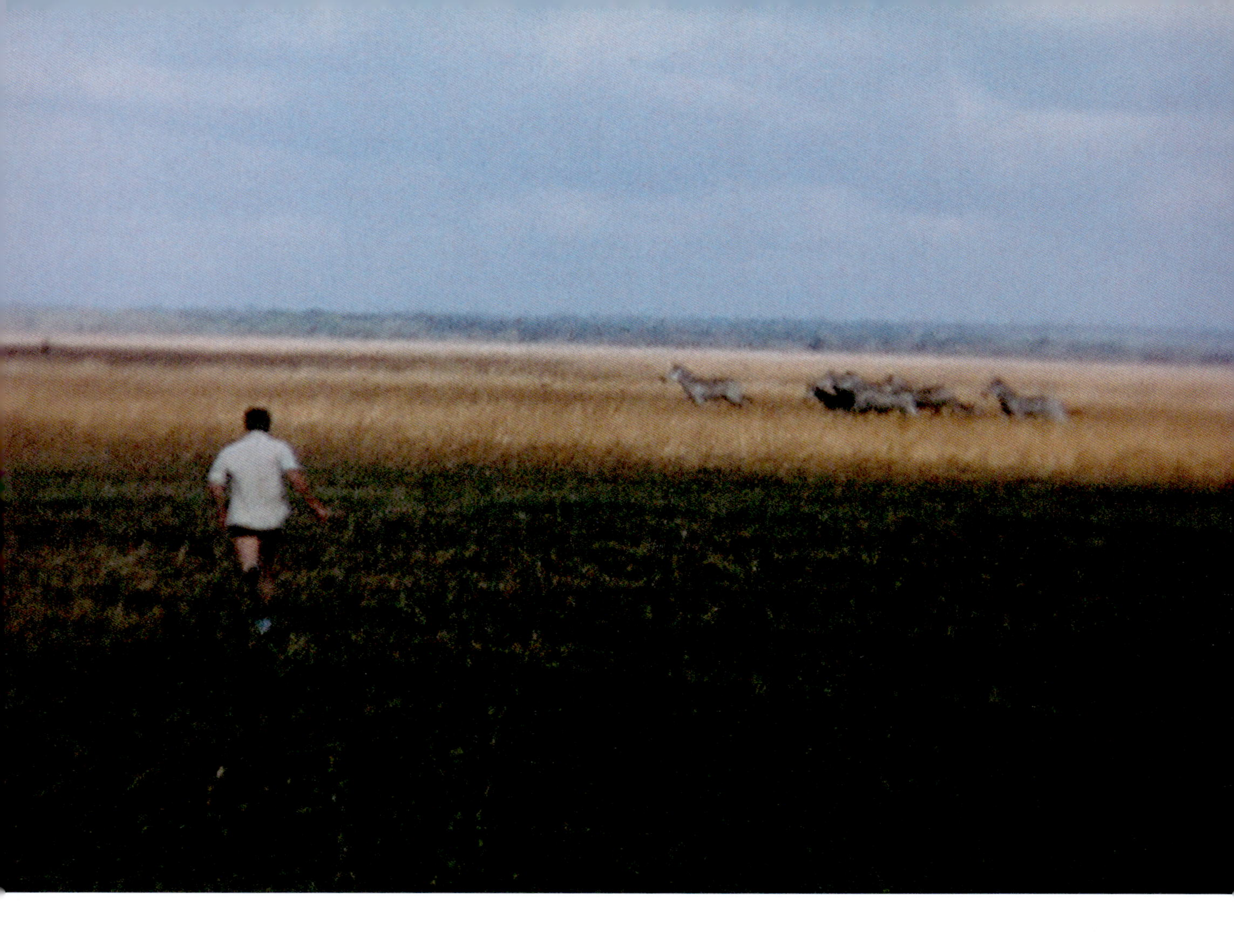

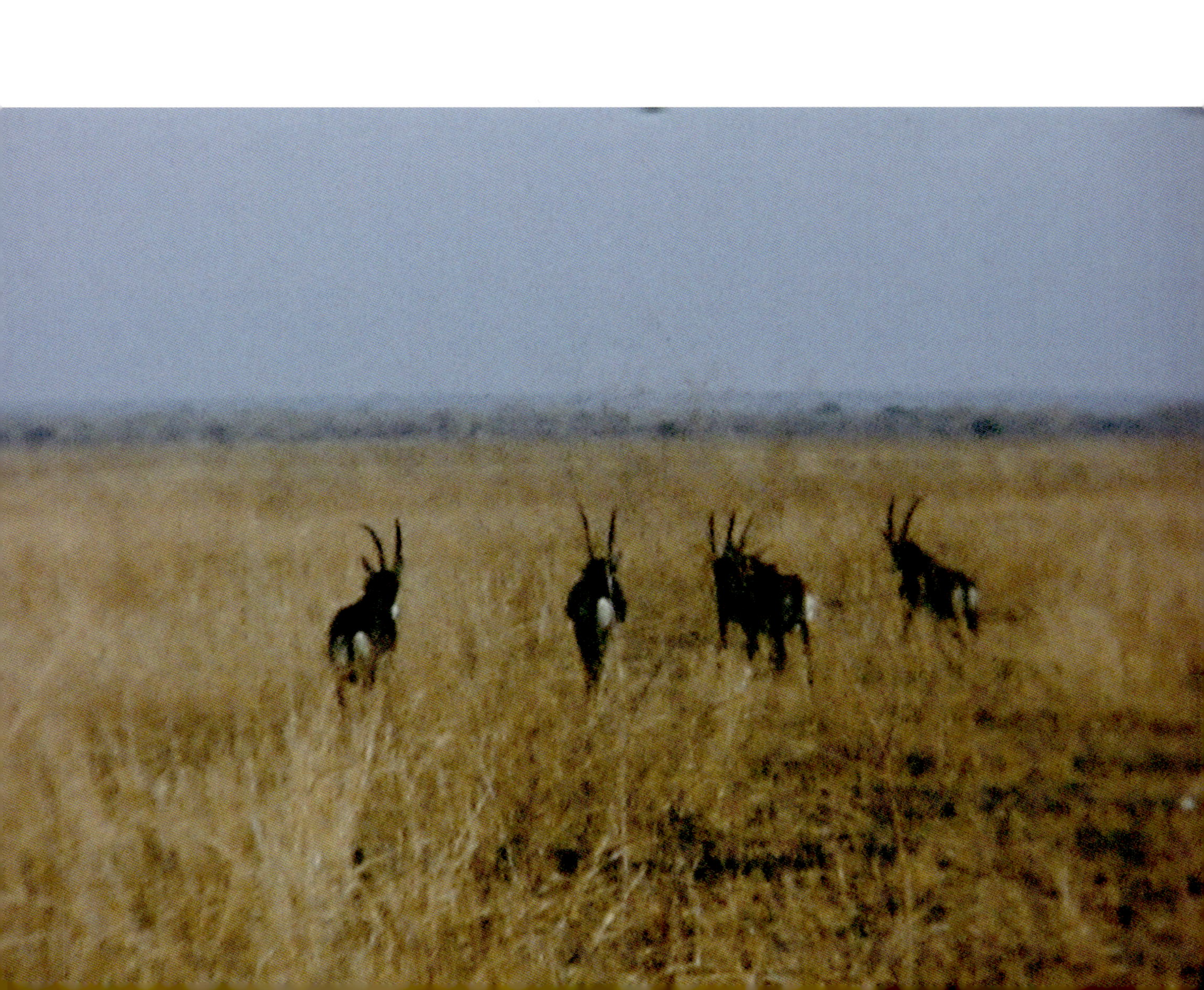

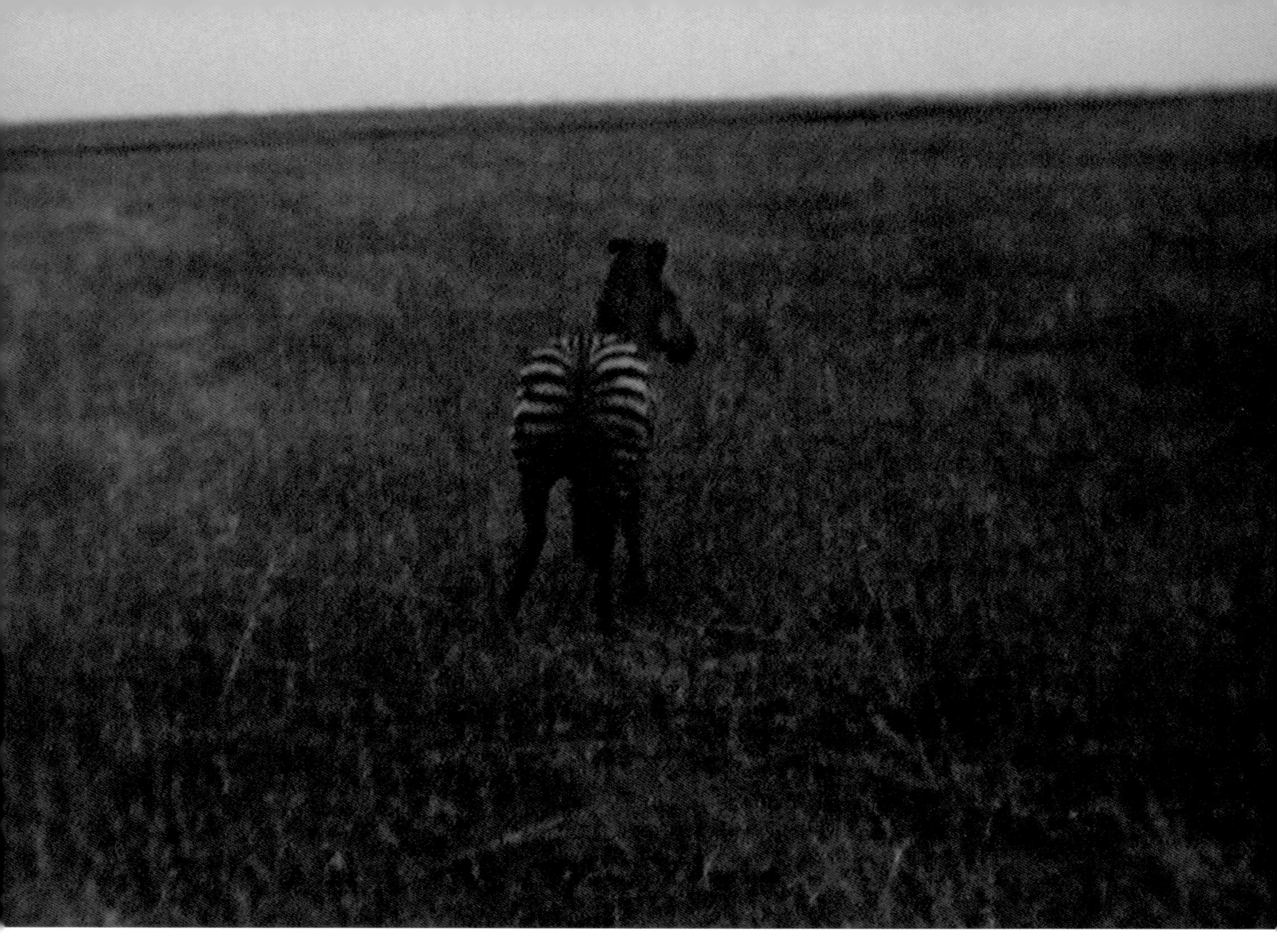

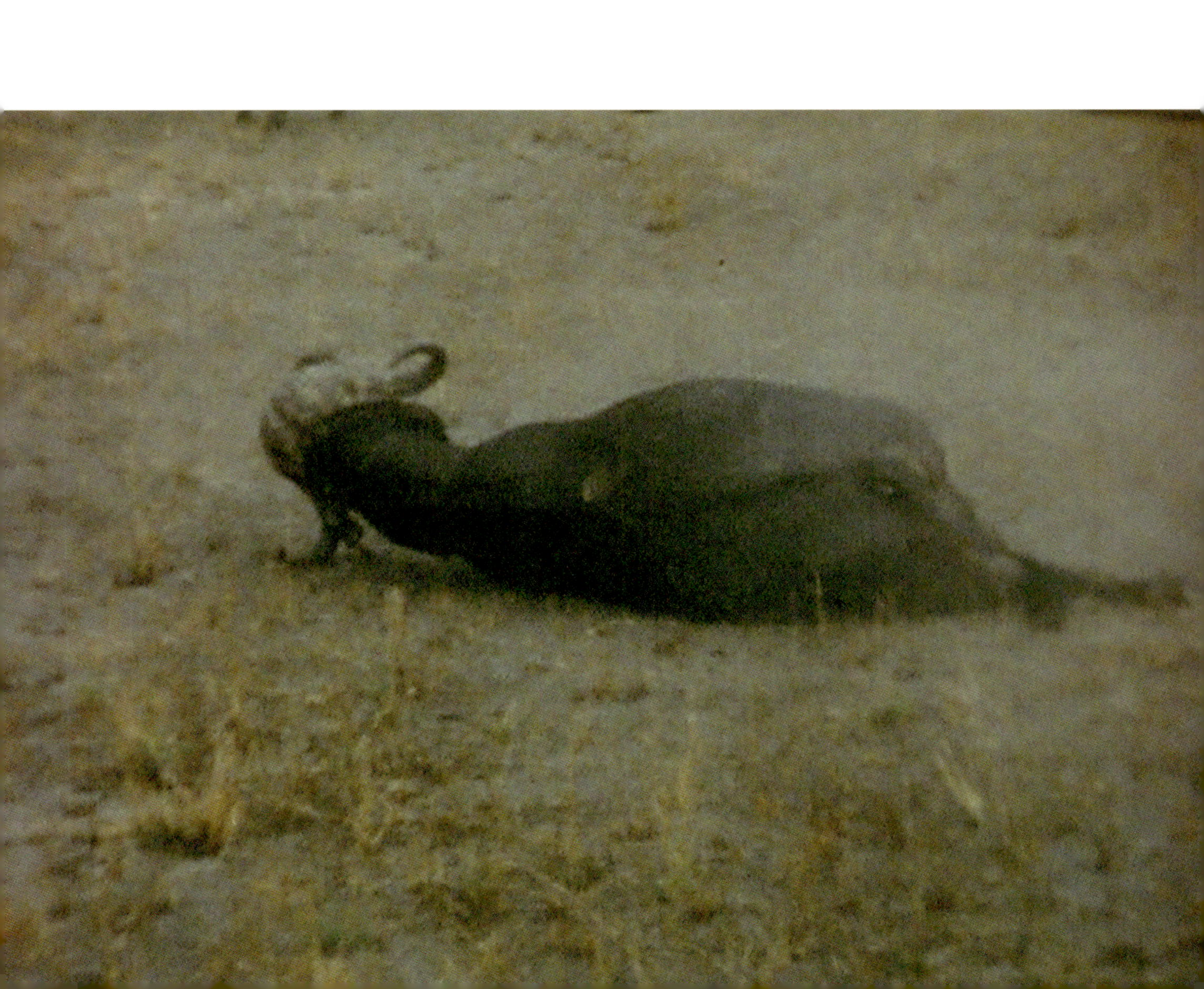

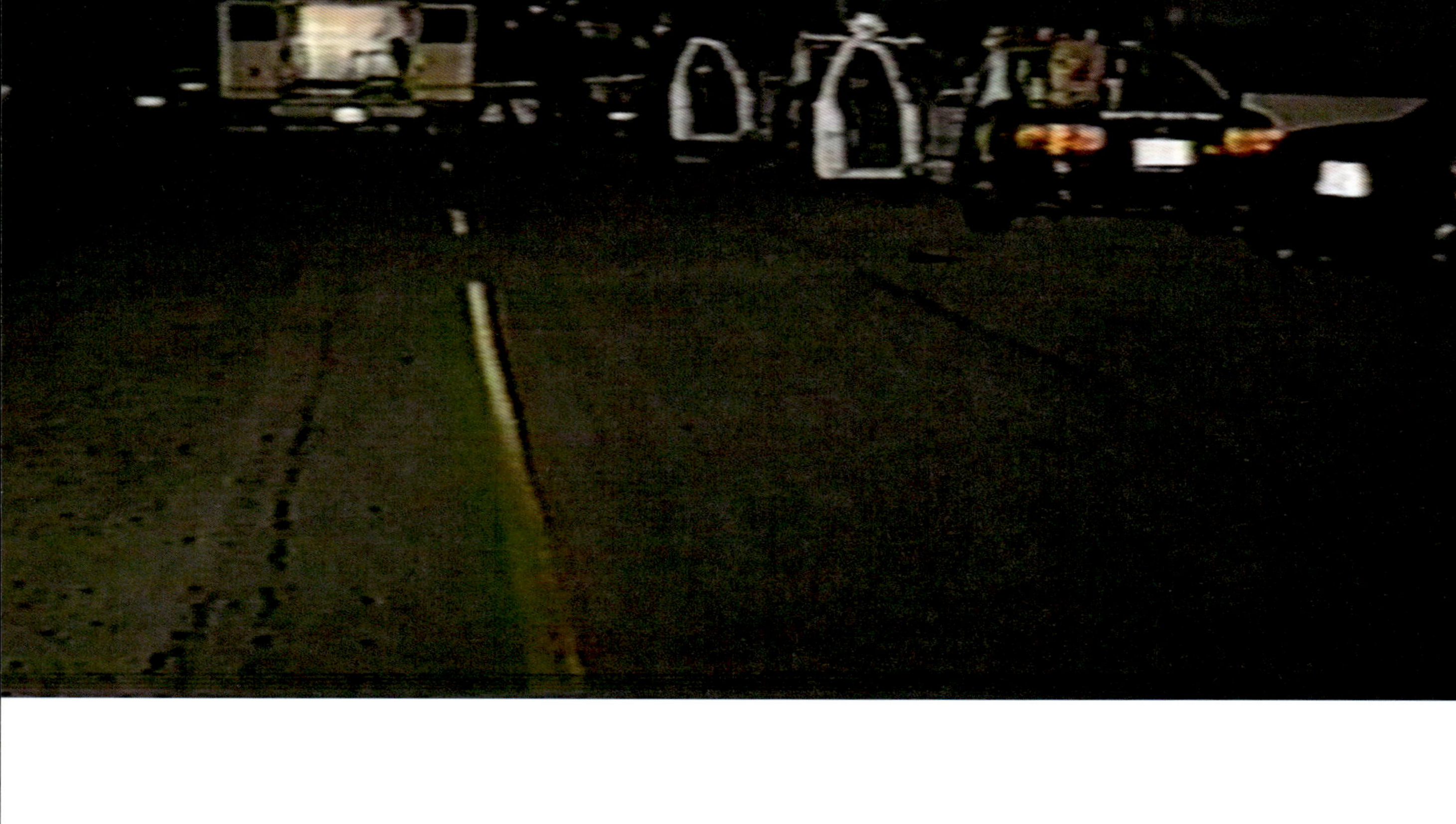

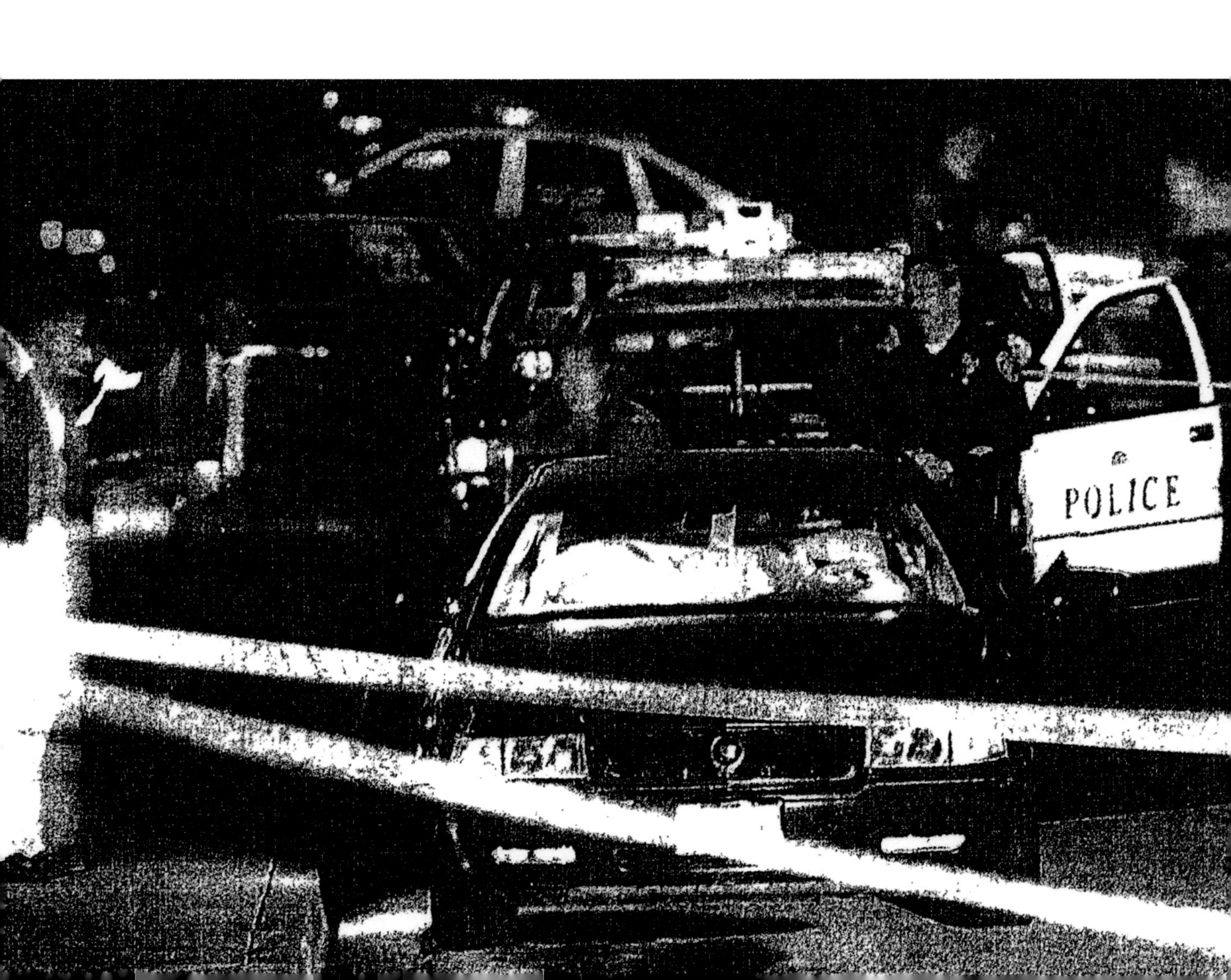

POLICE

cocker

cocker, 2010,
Ein-Kanal-Video (HD),
Farbe, Stereo-Ton, 16' 10" /
Single-channel HD video,
color, stereo sound, 16' 10"

cocker zeigt Männer und deren Beziehung zu ihren Kampfhähnen, die sie geradezu zärtlich trimmen und auf den Kampf vorbereiten – ein Kampf, in dem viele von ihnen in der Arena ihr Leben lassen. Das Video hinterfragt vorgefasste Wahrnehmungen und Definitionen von Maskulinität und männlichen Werten anhand von Ritualen, Geschichte und Tradition des Hahnenkampfes als Sport.

cocker shows men and the relationship to their fighting cocks. We see them tenderly trimming the animals and preparing them for the fight against one another—a fight that often leads to their death in the cockpit. The video challenges preconceived / assumed perceptions and definitions of masculinity and masculine values as seen through the ritual, history, tradition, and sport of cockfighting.

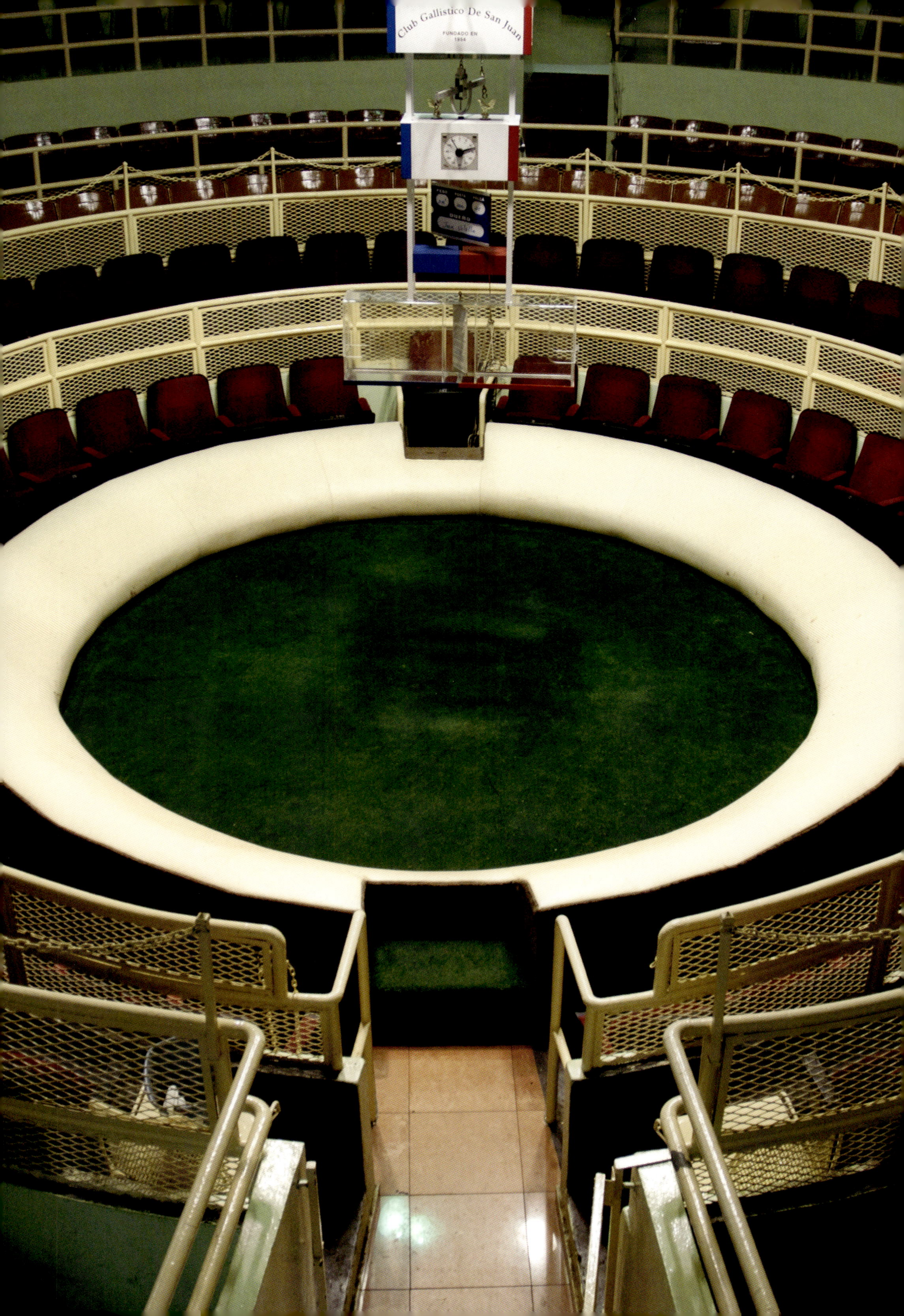
Club Gallistico De San Juan
FUNDADO EN
1954
PESO   PELEA   PELEA
DUEÑO

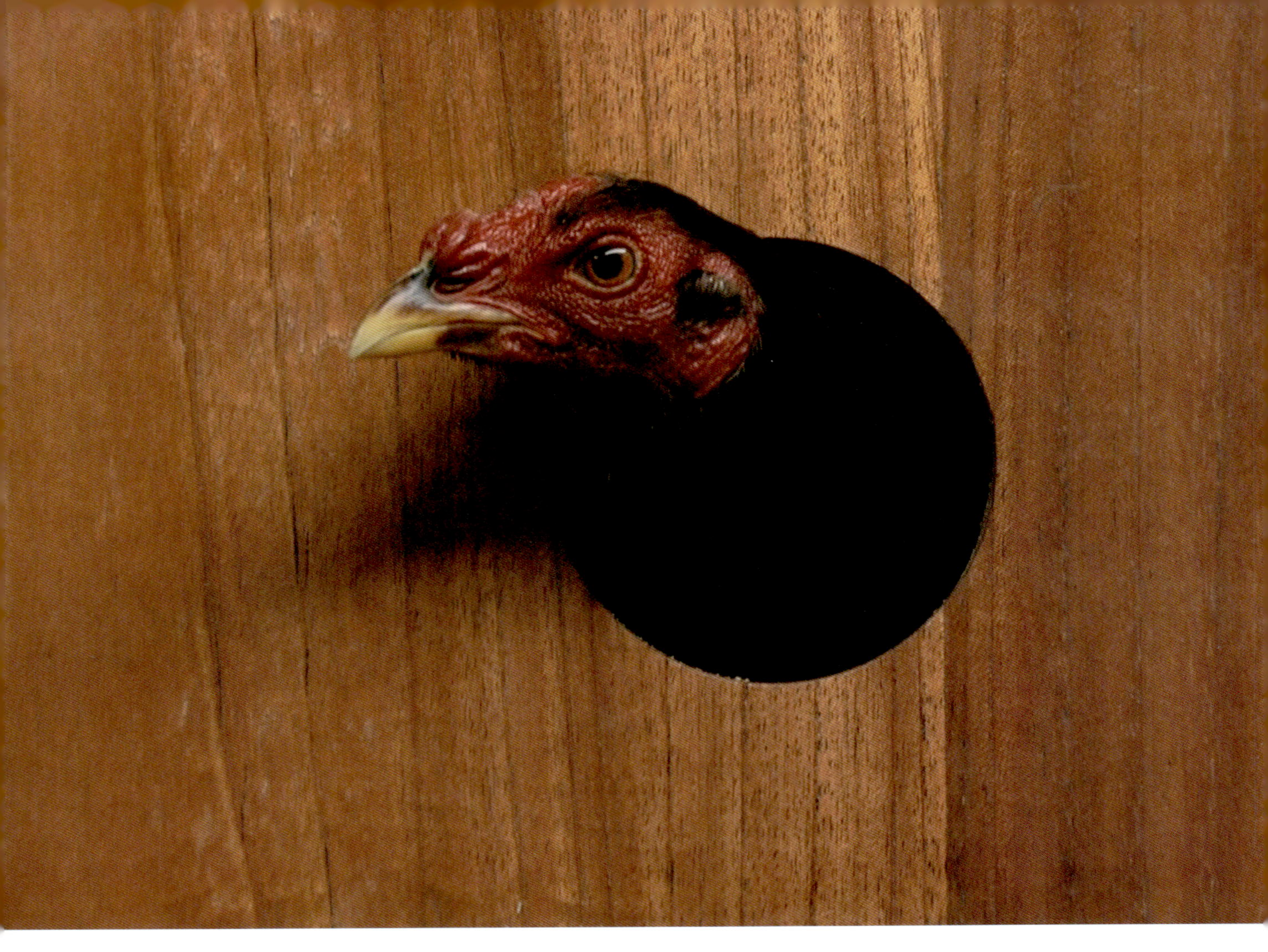

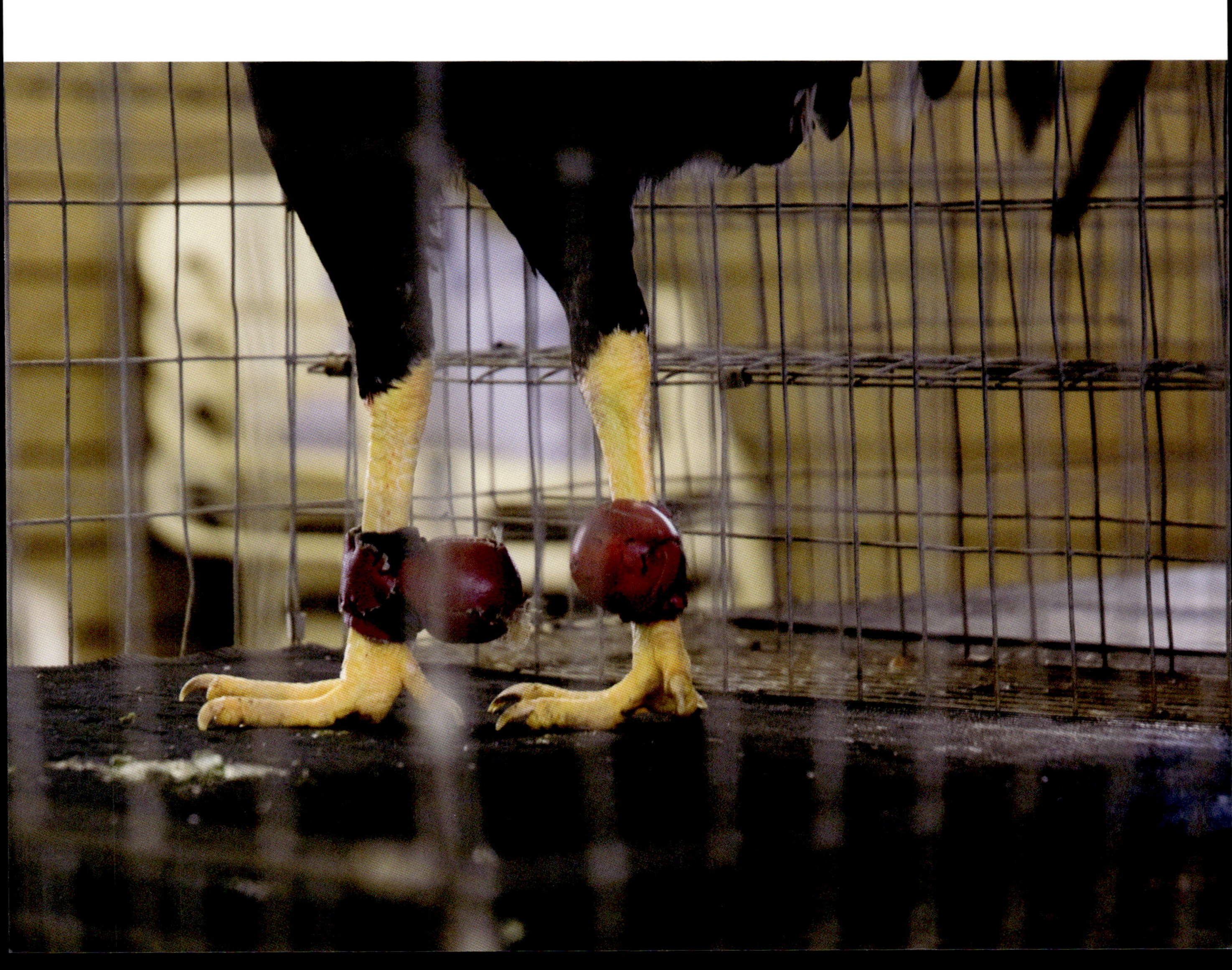

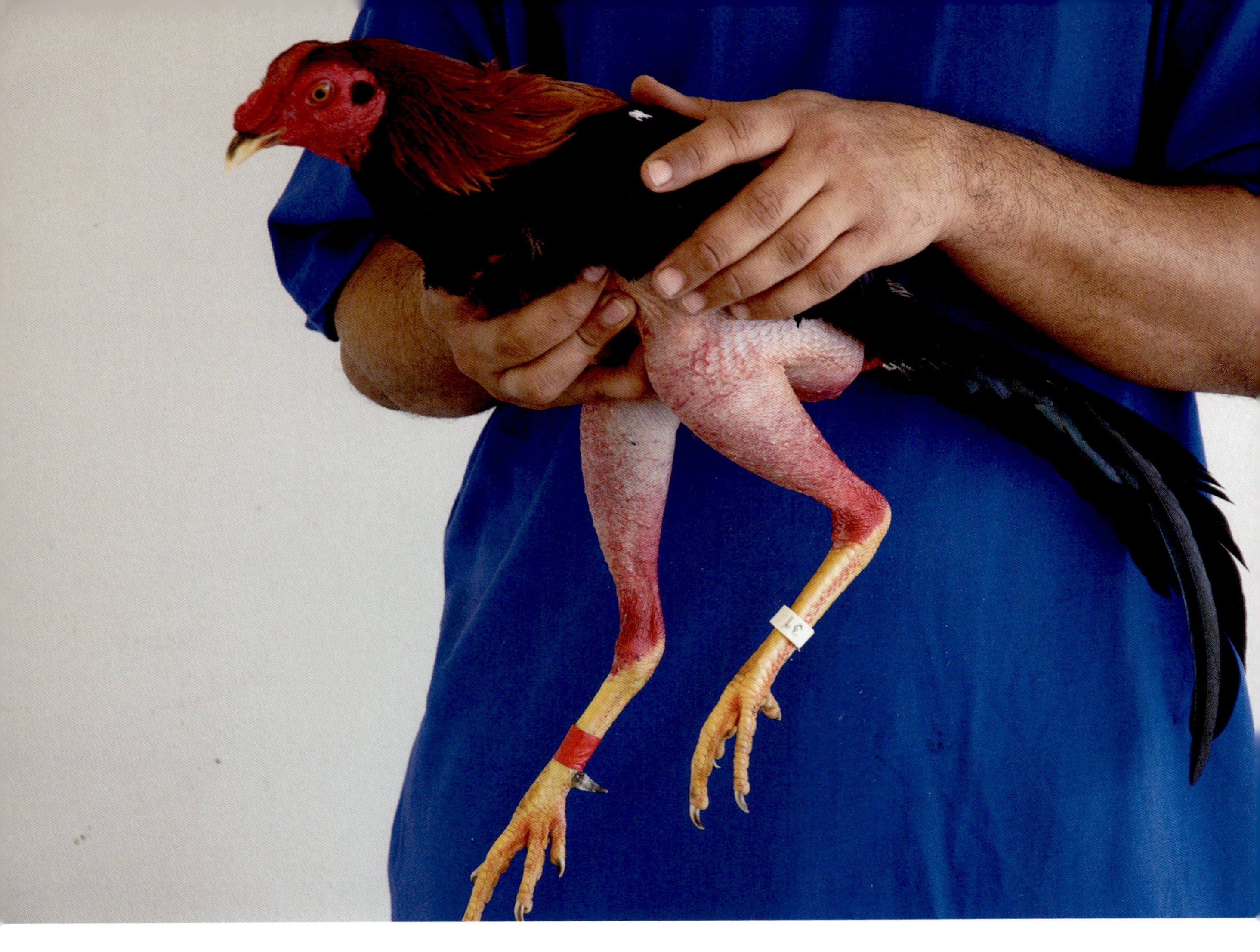

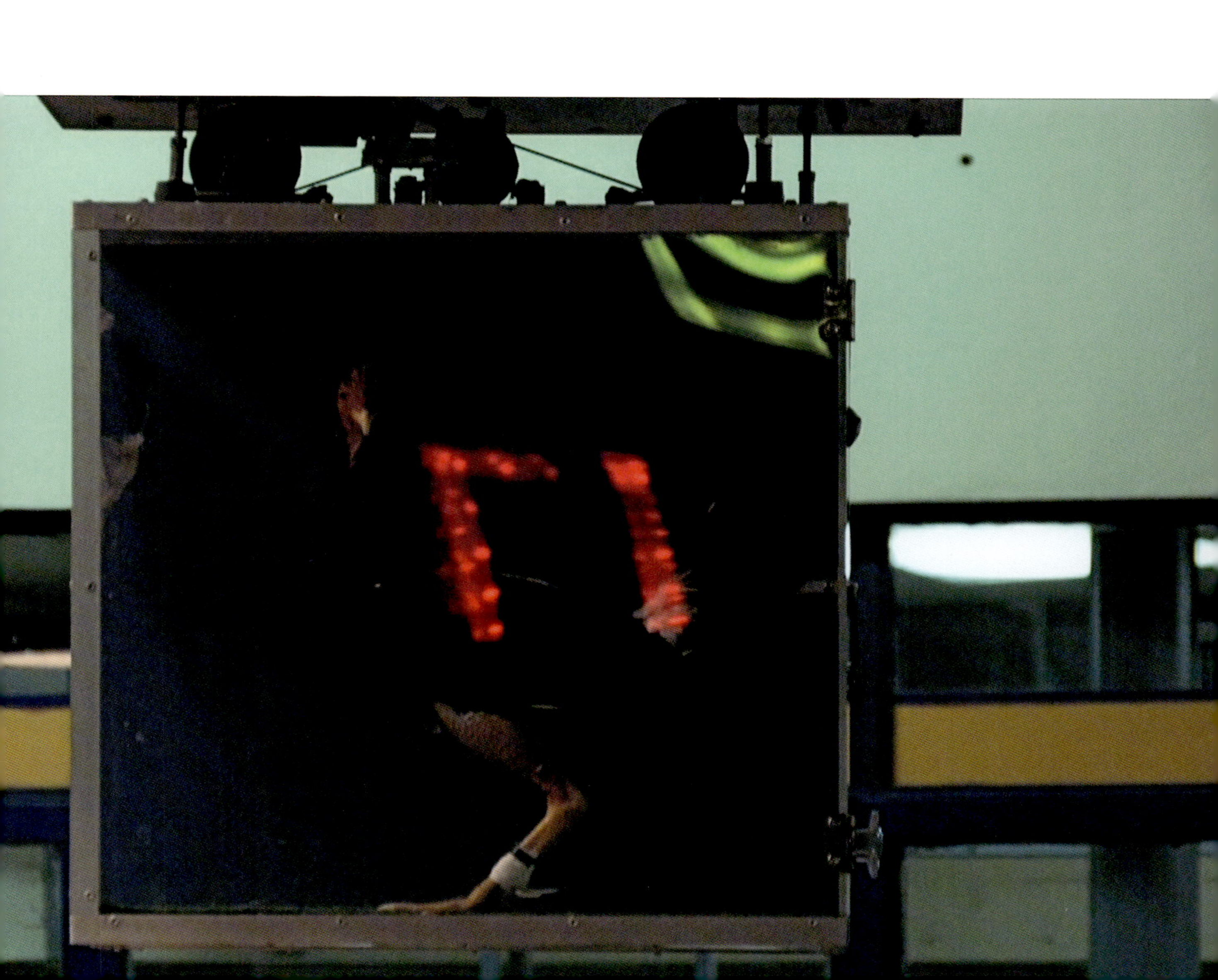

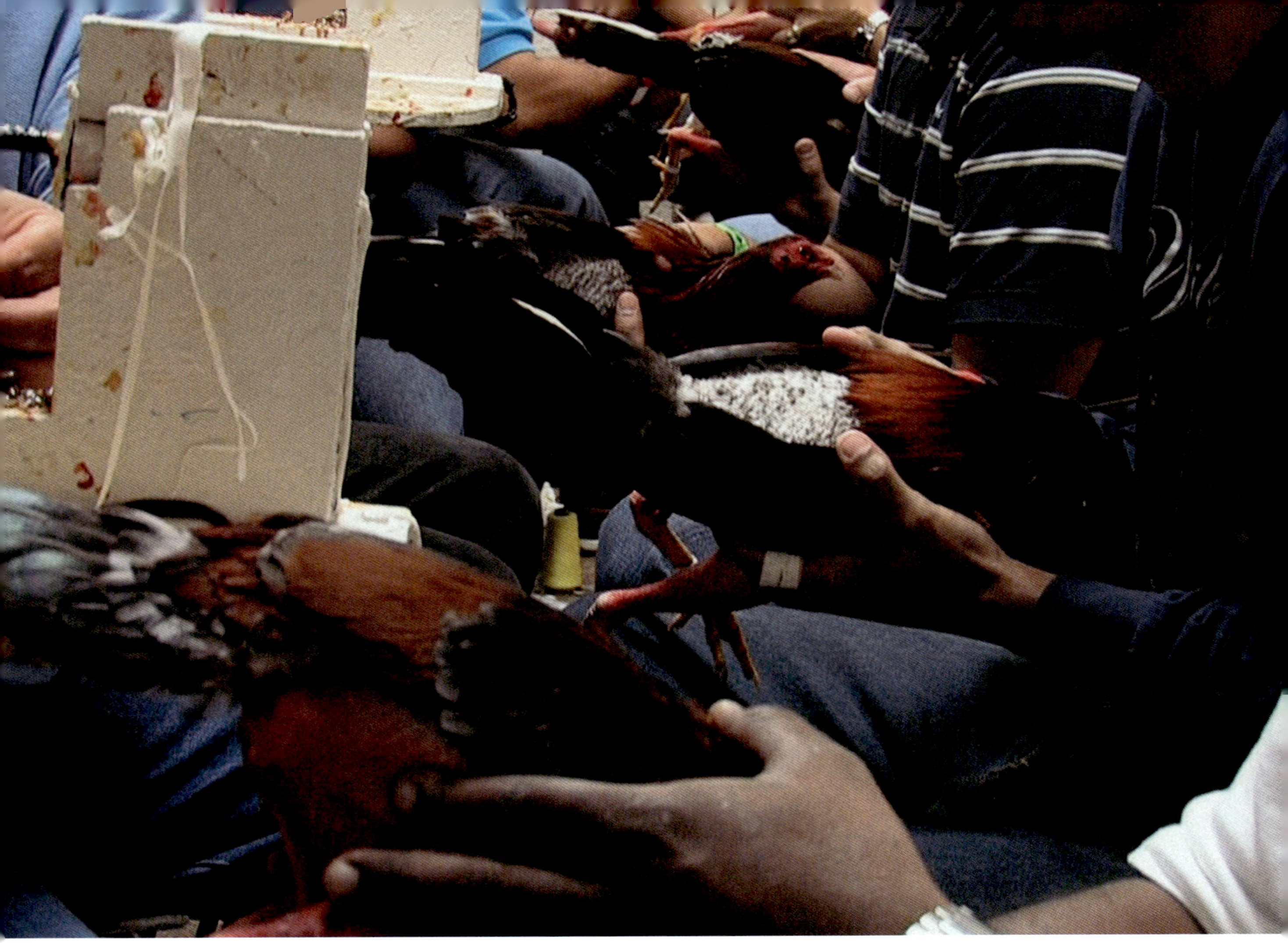

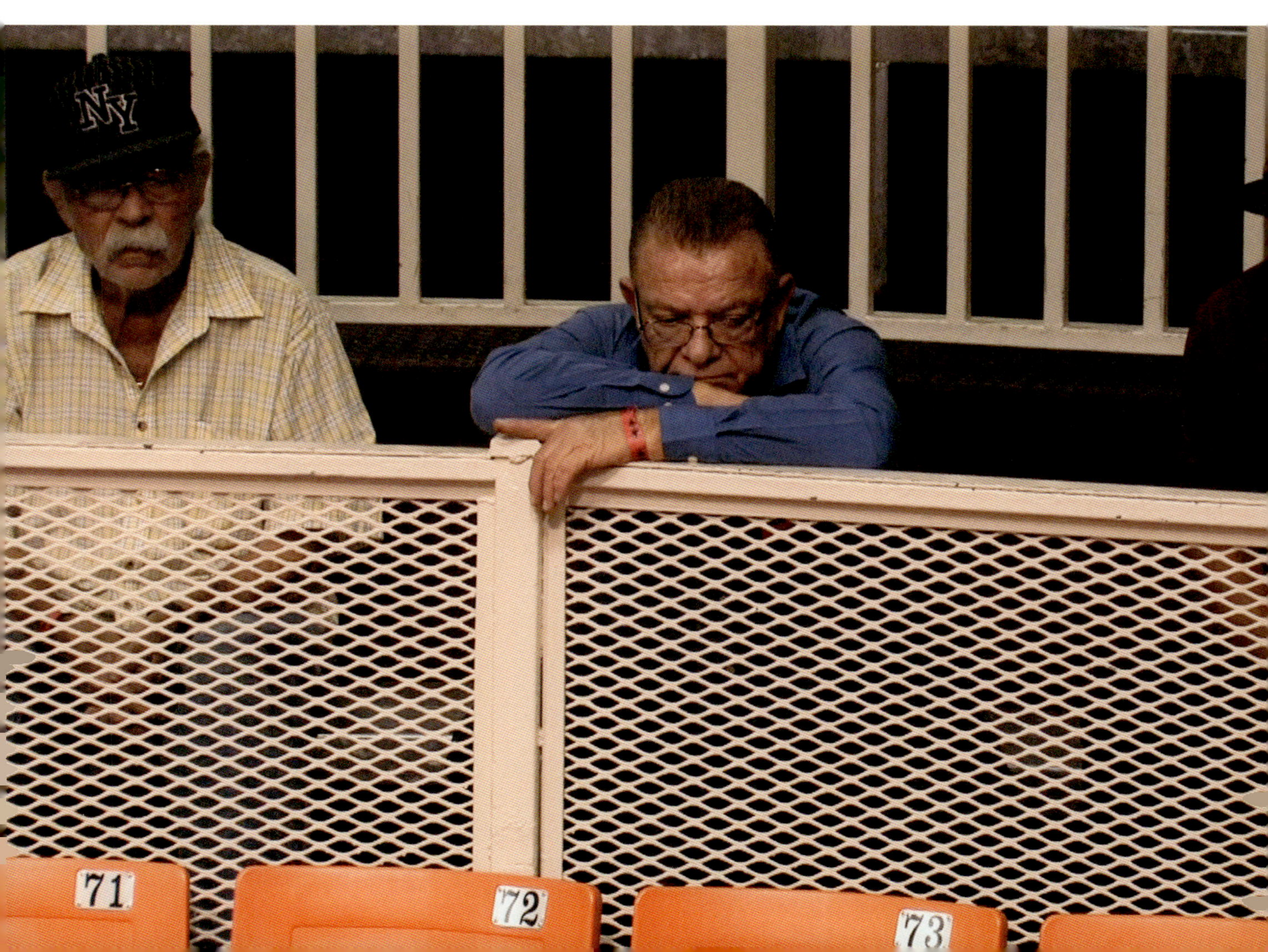

NY
71
72
73

Die präsente Absenz des Todes

Andreas Beitin

The Presence of Absent Death

** „Wovon man nicht sprechen kann, darüber muß man schweigen", lautet der letzte Satz von Ludwig Wittgensteins epochalem Werk *Tractatus logico-philosophicus*.[1] Über den Tod, der die einzige Gewissheit des Lebens darstellt, kann man aus eigener Anschauung nichts sagen. Denn „der Tod ist kein Ereignis des Lebens"[2], er liegt jenseits aller Erfahrungen, außerhalb der empirischen Grenzen. Über das Sterben kann man sprechen, über das Töten auch, aber über den Tod selbst nicht. Dennoch ist über den Tod viel gesprochen und philosophiert worden. Die Unvorstellbarkeit des Todes bereitet aber nicht nur Angst, sondern hat über die Jahrhunderte hinweg paradoxerweise die Vorstellungskraft der Künstlerinnen und Künstler inspiriert und somit zu einer wahren Bilderflut geführt. Als Mittel der Darstellung können jedoch nur die Anzeichen, die Auswirkungen des Todes, die Toten selbst oder die Gewalt des Tötens gezeigt oder durch Stellvertreter und Symbole visualisiert werden. Der Tod als Abstraktum ist und bleibt nicht darstellbar. Wenn es in der zeitgenössischen Kunst unter anderem durch den technologischen Fortschritt, zum Beispiel in Film und Video, zu einer steigenden Anzahl von Todesdarstellungen gekommen ist und hier seit einigen Jahren von einer „neue[n] Sichtbarkeit des Todes"[3] gesprochen wird, dann kann dies nur die Summe seiner sichtbaren Anzeichen beziehungsweise Auswirkungen betreffen. Setzt man dies als Grundkonsens voraus – was auch für die folgende Abhandlung gilt – so ist hinsichtlich der Präsenz des Todes in der Gesellschaft eine im Verlauf der Geschichte sich diametral entwickelnde Tendenz zu beobachten. Früher, das heißt in vormoderner Zeit, gehörte der unmittelbar erfahrbare Tod durch Kriege, Krankheiten, öffentlichen Strafvollzug, höhere Sterblichkeitsraten und vor allem durch das Ableben im häuslichen Umfeld zu den mehr oder weniger normalen Alltagserfahrungen der Gesellschaft. Vor dem Hintergrund christlicher Frömmigkeit definierte man den Tod als das Ende der irdischen Existenz und

1 Ludwig Wittgenstein, „Tractatus logico-philosophicus – Logisch-philosophische Abhandlung", in: *Ludwig Wittgenstein. Werkausgabe*, Frankfurt am Main 1984, Band 1, 6.54.

2 Ibid., 6.4311.

3 Thomas Macho und Kristin Marek (Hg.), *Die neue Sichtbarkeit des Todes*, München 2007.

1 Ludwig Wittgenstein, *Tractatus Logico-Philosophicus*, tr. C. K. Ogden, London 1988, p. 189.

2 Ibid., p. 185 (6.4311).

3 Thomas Macho & Kristin Marek (eds.), *Die neue Sichtbarkeit des Todes*, Munich 2007.

EN "Whereof one cannot speak, thereof one must be silent," reads the final sentence of Ludwig Wittgenstein's epochal work *Tractatus Logico-Philosophicus*.[1] It is not possible to say anything from one's own experience about death, which represents the only certainty we have. After all, "death is not an event of life,"[2] it lies beyond all experiences, outside of empirical borders. You can talk about dying, and also about killing, but not about death itself. And yet there has been a great deal of philosophizing about death, and much has been said about it. The inconceivable nature of death not only generates fear, but also has paradoxically over the centuries fired the imagination of artists and consequently resulted in an unending amount of images. However, as a means of portrayal, it is only possible to show the symptoms, the consequences of death, the dead themselves, or the violence of death, or to visualize the same through representatives and symbols. Death in the abstract sense is something that cannot be portrayed. If there has been an increasing number of portrayals of death in contemporary art, among other things due to technological progress, for example in film and video, and for several years talk has been of a "new visibility of death,"[3] then this can only refer to the sum of its visible signs or consequences. If we accept that there is general consensus on this, which also applies to the following analysis, it is possible regarding the presence of death in society to observe the diametrically opposed trend over the course of history. Previously, in other words in pre-modern times, the direct experience of death through wars, illnesses, public executions, higher mortality rates, and above all by people dying in their own homes was a more or less normal and everyday experience. Seen from the perspective

57

betrachtete ihn als eine Art Übergangssituation in die himmlische Ewigkeit. In dieser vormodernen Zeit war es überwiegend der Kunst vorbehalten, symbolische Darstellungen des Todes oder die bildliche Präsentation von Tötungen in Gemälden, Zeichnungen und Grafiken zu visualisieren. Während heute in unserer weitgehend säkularen Gesellschaft der Tod überwiegend als finales und von daher als so umfassend wie möglich zu verdrängendes Ende des menschlichen Daseins begriffen wird, sind unmittelbare Erfahrungen von Sterben und Tod weitgehend aus der Öffentlichkeit sowie aus dem privaten Bereich verschwunden und finden in Institutionen statt – etwa 70–80 Prozent aller Menschen sterben in der westlichen Welt in Krankenhäusern, Pflegeheimen oder Hospizen.[4] Im extremen Kontrast dazu ist in den Medien hingegen der Tod allgegenwärtig. Noch nie ist in einer Kultur der Tod durch das virtuelle oder simulierte Töten derart präsent gewesen wie aktuell in der westlichen. Ob in Kino- oder Fernsehfilmen, in Computerspielen oder im Internet, die Simulation von Tötungen und Zustände des Todes sind omnipräsent. Allein im bundesdeutschen Fernsehen werden innerhalb der zahlreichen Serien und Filme jeden Tag im Schnitt 70 Morde begangen.[5]

In Bezug auf die Präsentation des realen Todes sprach Susan Sontag schon im Zusammenhang mit dem Vietnam-Krieg und der ersten, medial erfahrbaren Kriegsberichterstattung ganz zu Recht von einer „neue[n] teleintime[n] Nähe von Tod und Zerstörung"[6], jedoch war der Tod auch hierdurch nicht wirklich nah, sondern lag aufgrund der medialen Distanz noch immer in weiter Ferne. Auch die live am heimischen Fernseher zu verfolgenden Verzweiflungssprünge der Anschlagsopfer von 9/11 aus dem World Trade Center oder die Veröffentlichung von Ermordungen von Entführten durch IS-Terroristen im Internet haben an dieser Distanzierung und letztlich der damit einhergehenden zunehmenden kollektiven Abstumpfung nichts geändert. Der Tod hat durch die massive Präsentation

4   Die Angaben hierzu sind je nach Quelle schwankend. Gesichert scheint, dass mindestens 70 Prozent der Menschen nicht im häuslichen Umfeld sterben. Vgl. hierzu z. B.: Franz Frielinger, „Das institutionalisierte Sterben. Sozioökonomische Aspekte des Sterbens", in: *Focus NeuroGeriatrie*, 1–2/2009, 6; oder: *Sterben in Deutschland*. [Interview mit dem Soziologen Reimer Gronemeyer], in: http://www.ard.de/themenwoche2008/gesundheit/sterben-in-deutschland/-/id=742958/nid=742958/did=767940/rozgyz/index.html (allerdings ohne weitere Quellenangaben).

Andreas Beitin

4   The figures vary depending on the source. It seems certain that at least 70 percent of people do not die at home. See, for example, Franz Frielinger, "Das institutionalisierte Sterben. Sozioökonomische Aspekte des Sterbens," in: *Focus NeuroGeriatrie*, 1–2/2009, p. 6; or: Sterben in Deutschland. [interview with sociologist Reimer Gronemeyer], in: http://www.ard.de/themenwoche2008/gesundheit/sterben-in-deutschland/-/id=742958/nid=742958/did=767940/rozgyz/index.html (although no other sources are stated).

of Christian piety, death was defined as the end of our earthly existence, and was regarded as a transitional state preceding entry into heavenly eternity. In this pre-modern age, it was largely the province of art to visualize symbolic depictions of death, or the pictorial presentation of killings in paintings, drawings, and prints. While today in our largely secular society death is conceived as something final, and therefore the end of our human existence which is to be suppressed as far as possible, direct experiences of dying and death have largely disappeared from both the public and private realms, and take place in institutions—some 70–80 percent of all people in the Western world die in hospitals, elderly homes, or hospices.[4] In extreme contrast to this, death is ubiquitous in the media. Never before has death been as present in a culture as it currently is in Western culture in the form of virtual or simulated killing. Be it in TV films or in movies, in computer games or on the Internet, the simulation of killings and situations involving death are omnipresent. On German TV alone, every day an average of 70 murders are committed in the numerous series and films.[5]

Referring to the representation of actual death, Susan Sontag quite rightly spoke about a "new tele-intimacy with death and destruction,"[6] in connection with the Vietnam War, as it was the first media-based war reporting ever experienced. Yet death was not really close in such instances either, but was always far away from us because of the distant way the media portrayed it. Similarly, the desperate leaps of victims of the 9/11 attack out of the windows of the World Trade Center, which were followed live on TV screens, or Internet videos showing the murder of people kidnapped by ISIS terrorists, have done nothing

und seine Darstellungsformen in den unterschiedlichen Medien einen Teil seines Schreckens verloren. Parallel zu diesen Entwicklungen wird durch verschiedenste Fortschritte in Technik (z. B. Airbags in Autos) und Medizin eine gewisse Unverwundbarkeit beziehungsweise Regenerierbarkeit des Körpers suggeriert und das Worst-Case-Szenario, der (eigene) Tod, weiter in den Bereich des Unwahrscheinlichen verschoben. Umso schockierender fällt das unmittelbare Miterleben aus, wenn Sterben und Töten real und direkt erfahrbar werden, wenn der Tod in die ungewohnte und bedrohliche Reichweite der eigenen Existenz kommt.

Genauso wie heute das Leben in der westlichen Welt also überwiegend von medialisierten oder virtuellen Todeserfahrungen geprägt ist, wird der Tod auf Schlachthöfen ebenfalls nur äußerst mittelbar erfahrbar: Analog zum Sterben ist auch das Schlachten ein Geschehen, das seit der Industrialisierung sukzessive aus dem Alltag verschwunden ist. Während man früher nach Bedarf direkt im Dorf, in der Stadt oder auf den Bauernhöfen schlachtete, wird heute im industriellen Maßstab dafür gesorgt, dass in den Supermärkten Fleisch jederzeit und in zunehmendem Maß zu immer günstigeren Preisen im Überfluss angeboten wird. Auch wenn hier Nutztiere die Opfer sind, so verstört neben dem Akt des Tötens vor allem die Dimension dieser fernab der Öffentlichkeit funktionierenden industriellen Maschinerien des Todes. Der Prozess des Schlachtens ist vom Lebensumfeld der Menschen weit entfernt und soll auch bewusst im Nichtsichtbaren bleiben. Das Fleisch ist in den allermeisten Fällen zu einem abstrakten Nahrungsmittel geworden, das mit seinem tierischen Produzenten in keinerlei Verbindung zu stehen scheint und auch nicht stehen soll. Die Bilder der Werbung entfernen sich ganz gezielt immer weiter von der Realität des erbarmungslos durchrationalisierten Lebens der Tiere auf dem Weg zur kapitalisierbaren Verwertung ihres Körpers vor und insbesondere nach ihrem Tod. Georges Bataille hat dies bereits 1963

5   Jo Groebel / Uli Gleich, *Gewaltprofil des deutschen Fernsehprogramms. Eine Analyse des Angebots privater und öffentlich-rechtlicher Sender*, Opladen 1993. Leider liegen keine aktuelleren Untersuchungen vor. Zwischenzeitlich dürfte die Zahl der Morde im Fernsehen allerdings noch zugenommen haben. Hinzu kommen die entsprechenden Szenarien in Kinofilmen und vor allem Computerspielen.

6   Susan Sontag, *Das Leiden anderer betrachten* [orig.: *Regarding the Pain of Others*], dt. v. Reinhard Kaiser, München / Wien 2003, S. 28.

5   Jo Groebel & Uli Gleich, *Gewaltprofil des deutschen Fernsehprogramms. Eine Analyse des Angebots privater und öffentlich-rechtlicher Sender*, Opladen 1993. Unfortunately there are no studies that are more recent. In the meantime, the number of murders on TV has most probably risen, added to which there are the corresponding scenarios in movies and above all in computer games.

6   Susan Sontag, *Regarding the Pain of Others*, New York 2003, p. 19.

to alter this distance, and ultimately our increasing collective lack of emotion. Through the extensive presentation and varied ways in which death is depicted in the media, it has become less threatening. Simultaneously, owing to a wide variety of technical advances (airbags in cars, for example) and medical progress, we have come to accept a certain invulnerability of the body, or its ability to recover, and the worst-case scenario—in other words one's own death—has shifted further into the realm of the improbable. This makes the direct experience of dying and death all the more shocking, when death closes in and moves uncomfortably close to our own existence.

In the same way that life in the Western world today is influenced mainly by media-driven or virtual experiences of death, death in slaughterhouses can likewise only be experienced in a very indirect manner: in keeping with dying, slaughtering is also an activity that has gradually disappeared from everyday life since the era of industrialization. While previously slaughtering was conducted directly in the village, the town or on farms as needed, today operations are carried out on an industrial scale to ensure meat is available in supermarkets all the time, and is offered in abundance and at ever reduced prices. Even though the victims in this case are animals, what is disturbing apart from the act of death itself, is primarily the sheer scale of the industrial machinery of death, which operates far away from public view. The process of slaughtering is removed from people's everyday lives, and is intended to remain invisible. In most cases meat has become an abstract food item, which seems to have no connection to the animals themselves—something which is very much intended. Advertising images

treffend analysiert: „Das Schlachten und das Ausnehmen des Viehs ekeln heute ganz allgemein den Menschen an: In den angerichteten Speisen darf nichts daran erinnern."[7] Zuvor hatte er schon 1929 in seinem Artikel „Abattoir" für die Zeitschrift *Documents* auf die Tendenz zur Entfernung von realen Todeserfahrungen hingewiesen: „Doch der Schlachthof unserer Tage ist verfemt wie ein Schiff, das von Cholera betroffen ist, unter Quarantäne gestellt. Nun sind die Leidtragenden dieses Fluchs weder die Metzger noch die Tiere, sondern die braven Leute selbst, die auf diese Weise dahin gekommen sind, ihre eigene Häßlichkeit nur noch zu ertragen, eine Häßlichkeit, die tatsächlich auf ein krankhaftes Bedürfnis nach Sauberkeit, nach galliger Kleinlichkeit und Langeweile antwortet: Der Fluch (der nur die erschreckt, die ihn aussprechen) bringt sie dazu, so fern wie möglich von den Schlachthöfen zu vegetieren ..."[8] Bataille beklagt nicht nur einen Verlust beziehungsweise eine Reduzierung existenzieller Lebens- und somit auch Todeserfahrung durch die Verdrängung der Existenz von Schlachthöfen, sondern auch die sublimierende Kompensation des Wissens um Tod und Vergänglichkeit durch übertriebene Reinlichkeit. Sie soll den Dreck, die Hässlichkeit tilgen, auch eine Hässlichkeit des Inneren, das durch Ausscheidungen ans Tageslicht kommt oder – um bei Batailles Beispiel des Schlachthofes zu bleiben – durch das Aufschneiden des Körpers, denn alles, was von innen kommt, gemahnt an Zerfall, Vergänglichkeit, Tod. Auf unsere gesellschaftliche Realität übertragen, würde seine Kritik heute vermutlich auch den Jugendlichkeitswahn mit einbeziehen und das Zunehmen an artifizieller Schönheit, die ebenfalls die Unsterblichkeit des entsprechenden Individuums suggeriert. Wenn Tom Ford am Beginn seines Films *Nocturnal Animals* (USA, 2016) vier ultraadipöse nackte Frauen vor der Kamera tanzen lässt, so wird hier zugespitzt dieser gesellschaftliche Konsens attackiert, der kranke, deformierte oder zum Tode verfallene Körper in der (medialen) Öffentlichkeit nicht duldet.[9]

7   Georges Bataille, *Der heilige Eros* [orig.: *L'Érotisme*], hg. und übers. v. Max Hölzer, Neuwied a. R. /60 Berlin-Spandau 1963, S. 87.

8   Georges Bataille, „Schlachthof" [org.: „Abattoir", 1929], in: *Kritisches Wörterbuch. Beiträge von Georges Bataille, Carl Einstein, Marcel Griaule, Michel Leiris u. a.*, dt. hg. u. übers. v. Rainer Maria Kiesow, Henning Schmidgen, Berlin 2005, S. 33.

9   Ausnahmen hiervon stellen einige Foren im Internet dar, deren Ziel es ist, möglichst skurril deformierte Körper oder Körperteile in sich immer wieder selbst übertreffendem Maß voyeuristisch zur Schau zu stellen.

Andreas Beitin

7   George Bataille, *Erotism*, San Francisco 1962, p. 92.

8   George Bataille, "Abattoir," in: *Encyclopaedia Acephalica: Comprising the Critical Dictionary & Related Texts*, tr. Robert Lebel, Isabelle Waldberg, Alastair Brotchie, & Iain White, Michigan 1995, pp. 72–3.

deliberately remain further and further distant from the merciless economization animals endure to fully exploit them during their lives and after their death. Georges Bataille analyzed this aspect accurately back in 1963: "Cattle being slaughtered or cut up often makes people sick today, but there is nothing in the dishes served at tables to remind them of this."[7] Earlier still, in his 1929 article "Abattoir" for the magazine *Documents*, he had referred to the tendency to keep real experiences of death at a distance: "But these days our abattoirs are outcast like ships affected by cholera, and placed under quarantine. However, those that suffer from this curse are neither the butchers nor the animals themselves, but the upright people, who are only able in this manner to bear their own nastiness, a nastiness, which is actually a response to a chronic need for cleanliness, caustic pettiness and boredom: the curse (which only frightens those that articulate it) makes them vegetate as far away from the abattoirs as possible ..."[8] Bataille not only criticizes the loss or reduction of the existential experience of life and consequently also death through the suppression of the abattoirs' existence, but also the need for excessive purity to compensate for our knowledge about death and transience. This extreme cleanliness is intended to destroy the dirt, the ugliness, including emotional ugliness, which comes to light through excretions, or to remain with Bataille's example of the slaughterhouse—through the cutting up of the body, because everything that comes from inside recalls decay, transience, and death. Transferred to our social reality today his criticism would presumably also include our obsession with looking young and the increase in artificial beauty, which likewise suggests the immortality of the individual concerned. When

Neben dem Themenkomplex von Männlichkeit und den normativen Strukturen, wie Männer zu „echten" Männern werden, ist in den Videoarbeiten von Erik Levine die Motivkette Gewalt, Tod und Vergänglichkeit die zentrale, alles bestimmende Achse. Ausgehend von der traumatisierenden Erfahrung der Ermordung seines Vaters, sind in allen videografischen Werken von Levine diese Elemente von wesentlicher Bedeutung. In vielen Videos gibt es folglich eine starke Präsenz des eigentlich nicht darstellbaren Todes, weshalb hier von der Präsenz des absenten Todes gesprochen wird: Man kann den Tod nicht direkt sehen, er ist aber in seiner Absenz, in seiner Nichtdarstellbarkeit gegenwärtig oder liegt in den Videos in seinem abstrakten Wesen als Entität aus dem Ahnungsbereich zugrunde. Auf die Frage nach dem Grund für diese fast durchgängige Todespräsenz antwortet Levine:

> Ich versuche, in meinen Arbeiten nicht zu explizit zu sein in dem, was ich zeige. Mir ist es wichtig, Raum für eine gewisse Ambiguität, verschiedene Möglichkeiten und Interpretationen zu lassen, und das ist in allen meinen Arbeiten enthalten. In *More Man* [2005] wird durch die Art und Weise, wie die Männer die Kinder anschreien, die Seele zerstört. In der Arbeit über die Kampfhähne [*cocker*, 2010] zeige ich nicht den Hahnenkampf selbst, außer in einer sehr effektvollen Zeitlupe – und das nur als Manifestation von Schönheit, hochgradig ästhetisiert. Genauso verhält es sich mit der Arbeit über das Schlachthaus [*cold storage*, 2014], in der ich eine Atmosphäre rund um das Thema des Todes schaffe. Was mich interessiert, ist die Kraft der Vorstellung. Ich umgehe die Realität, indem ich Möglichkeiten aufzeige und Informationen biete, die mit dem Thema

9   One exception are the countless platforms and blogs in the Internet devoted to the voyeuristic presentation of bodies or body parts that are deformed as bizarrely as possible and to top each other in doing so.

Tom Ford had four morbidly obese naked women dance at the start of his movie *Nocturnal Animals* (USA, 2016), he was launching an attack on the social consensus that refuses to accept bodies that are ill, deformed, or deteriorated in the media or public in general.[9]

Apart from the body of topics relating to masculinity and the normative structures of how men become "real" men, the video works by Erik Levine tend to revolve around and be defined by the motifs of violence, death, and impermanence. These elements are crucial in all of Levine's video-based works. Consequently, there is a strong presence of death in many videos though it cannot really be depicted, which is why we can talk here of the presence of absent death: You cannot see death directly, but in its absence, its inability to be portrayed is present, or is perceived as underlying phenomenon, an abstract idea. Asked about the reason for this virtually constant presence of death Levine replies:

> In my work I try not be too explicit in what I show. I think it's important to leave a sense of ambiguity, possibility, and interpretation. In all the videos it's there in one way or another. In *More Man* [2005] the way the men yell at the boys is a crushing of the soul. In the cockfighting piece [*cocker*, 2010], I don't show the cockfight itself except in overly dramatic slow motion, just as a form of beauty that's highly aestheticized. And it's the same with the slaughterhouse piece [*cold storage*, 2014] where I create an atmosphere around the subject of death. It's the power of suggestion that I am

zu tun haben, und wenn man dies alles zusammenfügt, ergeben sich – so hoffe ich zumindest – neue, bis dato verborgene Aspekte, Absichten, Bedeutungen, die in allem, was ich zu diesem Thema filme, eingebettet sind.[10]

Das einzige Werk von Erik Levine, das, wenn auch nicht den Tod, aber das Töten zeigt, ist das Video *Someone hears a shot.* (2008). Es setzt sich explizit mit dem gewaltsamen Tod des Vaters auseinander. Für das Video hat Erik Levine *found footage* in Form von Super-8-Filmaufnahmen verwendet, die sein Vater während einer Safari 1971 in Afrika aufgenommen hat: Sie zeigen Szenen einer Großwildjagd, bei der auf Büffel, Zebras, Antilopen und andere Tiere geschossen wird. Am Anfang des Videos sind mehrfach kurze Szenen zu sehen, in denen auf einen Büffel immer wieder gefeuert wird, anstatt dem angeschossenen Tier einen erlösenden Todesschuss zu geben. Man hört das Stöhnen des verletzten Tieres; bevor es stirbt dreht es seinen Kopf in Richtung Schütze und damit zur Kamera. Im weiteren Verlauf des Videos werden abwechselnd Szenen vom Tatort des erschossenen Vaters und von der Safari mit verschiedenen gejagten und toten Tieren gezeigt; sie werden wie Trophäen in die Kamera gehalten. Immer wieder unterbrochen werden diese Szenen von Bildern und Originalstimmen der ermittelnden Polizeibeamten, die über den Tatort in einer ruhig-deskriptiven, nahezu unbeteiligt wirkenden Weise berichten sowie von den verschiedenen Details vom vermeintlichen Hergang des Mordes. An einer Stelle des Videos sind zu den Stimmen der Beamten wieder Bilder von getöteten Tieren zu sehen – unterschiedliche Zeit- und Handlungsebenen vermischen sich. Das Tier wird präsentiert als Stellvertreter für den erschossenen Vater, aber auch als Symbol für Gewalt ganz allgemein. *Someone hears a shot.* stellt eine zentrale Arbeit im Werk Levines dar, das hierdurch beispielhaft

10 Erik Levine im Interview mit dem Autor, Aachen, 14. Februar 2017.

Andreas Beitin

10 Erik Levine interviewed by the author, Aachen, February 14, 2017.

after. I always circumvent the actual reality, and show both the potential and the peripheral information that—when formed together—transform the material, hopefully revealing other hidden aspects, intentions, and meaning that are embedded in all of the actions around the subjects I film.[10]

The only work by Erik Levine to show, if not death then killing, is the video *Someone hears a shot.* (2008), which specifically explores his father's violent death. For the video Levine used found Super 8 footage which his father took in 1971 during a safari in Africa: They show scenes from a big-game hunt in which buffaloes, zebras, antelopes, and other animals are killed. The video shows numerous scenes in the beginning where the hunters repeatedly fire at a buffalo instead of relieving the creature from its misery with a fatal shot. It shows the injured animal moaning; before it dies it turns its head toward the gunshots, and consequently toward the camera. As the video proceeds we then see alternating images between the murder scene of the artist's father, and of the safari with the various hunted and killed animals; they are held up to the camera like trophies. These scenes are repeatedly interrupted by images and the voices of the investigating detectives, who report on the crime scene in a calm, descriptive manner that appears almost unaffected in which they relate the events leading up to the murder. At one point in the video, the detectives' voices are accompanied by images of the killed animals—mixing different layers of time and action. The animal is presented as a representative for the artist's dead father, but

erschlossen werden kann, denn es geht hierin um die unausweichliche Gewalt des Lebens, der Gewalt im Leben und der Gewalt zum Tod. Es geht um Töten und Getötetwerden. Gewalt ist in dem Video jedoch nicht Teil eines unvermeidlichen Überlebenskampfes, sondern in ihrer aktiv ausgeübten Form wird sie erbarmungslos und lustbringend – das Gefühl von Macht stärkend – von den Schützen ausgeübt, in ihrer passiv erlittenen Form brutal und vernichtend erlitten. So wie Erik Levine Gewalt durch den Mord an seinem Vater in seinem eigenen Lebensumfeld unmittelbar erfahren hat, so unausweichlich ist sie für ihn im menschlichen Leben:

> Meine intensivste persönliche Gewalterfahrung ist natürlich der Mord an meinem Vater. Das ist das gewaltsamste Erlebnis, das ich hatte. Was mich immer schon angezogen hat und womit ich mich tatsächlich – mit allen Vor- und Nachteilen – wohl fühle, ist eine gewisse Art von Gewalt, und das hat primär damit zu tun, dass der Gewalt eine besondere Dringlichkeit innewohnt. Ein Großteil meiner Arbeit dreht sich um Szenarien, in denen es um Leben und Tod geht, und diese Gegenpole in Konflikt geraten. An den Orten und in den Situationen, die ich filme, ist der potenzielle Tod aber gleichzeitig auch eine Bejahung des Lebens. Wozu sollte ich als Künstler tätig sein, wenn keine Bedeutung dahintersteht? Bedeutung beinhaltet für mich Dringlichkeit und Notwendigkeit, und diese Dringlichkeit übersetzt sich in Themen, die sich mit Extremsituationen befassen.[11]

Ganz im Gegenteil zu *Someone hears a shot.* mit seinen Gewaltszenen und der präsenten Absenz eines vorzeitigen und unnatürlichen Todes steht das 2016 entstandene Video *Still Lifes.* In ruhigen Einstellungen ohne Kamerafahrten

11   Ebd.

11   Ibid.

also as a symbol for violence in general. *Someone hears a shot.* is a key work in Levine's oeuvre, and its analysis provides an insight to the latter, as it is about the inevitable violence of life, and about death. It addresses killing and being killed. However, in the video violence is not part of an inescapable battle for survival, but is rather exercised in its active form, is executed mercilessly by the hunters who derive pleasure and a feeling of power from the act, while in its passive form it is suffered brutally and destructively. Erik Levine experienced death directly and on a personal level through the murder of his father, and feels it to be an inescapable part of people's lives:

> The most intense personal violence I've experienced is the murder of my father. It's the most violent experience I've lived through. What I've been drawn to, and actually, for better or worse, feel more comfortable with, is a certain violent behavior and it's primarily because within violence there is a sense of heightened urgency. Much of my work deals with life and death scenarios, where these opposites come into conflict. The possibility of death in the locations and situations that I film simultaneously allows for and reifies the affirmation of life. As an artist, what's the point of making art unless it really has a sense of meaning? And meaning, for me, involves urgency and necessity, and this translates into subject matter that deals with extreme situations.[11]

und Zooms zeigt es das alltägliche Leben in argentinischen Altersheimen. Demente, durch ihre altersbedingte Hinfälligkeit beeinträchtigte Menschen bewegen sich durch ihre von Routine und Langweile geprägte letzte Lebensstation. In teils intimen Close-ups zeigt *Still Lifes* das auf das unvermeidliche Ende zulaufende Leben der Einwohner des Heims. Der Tod, auch wenn er nicht zu sehen ist, ist jedoch durch die Gebrechlichkeit der Menschen allseits erahnbar. Die geradezu gezwungen wirkenden, clownesken Animationsversuche der Betreuerinnen in einer Szene des Videos können von ihm nicht ablenken, ja betonen durch den Kontrast zwischen dem bunten Treiben und den dahinvegetierenden Alten seine bevorstehende Präsenz. In einer anderen Szene ist eine alte Dame zu sehen, die sich im heimeigenen Friseursalon die Haare machen und Augenbrauen zupfen lässt – auch dies ein mehr oder weniger verzweifelter Versuch, dem unvermeidlichen Tod durch eine durch oberflächliche Kosmetik generierte Verschönerung ein Zeichen des Lebens entgegenzusetzen. Das durch den hohen Anteil an farbintensiven Elementen sehr „malerisch" wirkende Video zeigt im Grunde nichts anderes, als das, was tagtäglich überall auf der Welt, meist jedoch hinter verschlossenen Türen passiert und was in unserer vom Jugendlichkeitsfanatismus geprägten Kultur die meisten Menschen nicht sehen wollen und soweit es geht aus dem eigenen Erfahrungsbereich verdrängen möchten. Zugleich wird man mit der ethischen Frage konfrontiert, ob mit *Still Lifes* Menschen mit voyeuristischen Mitteln in die Öffentlichkeit gezogen werden. Erik Levine weist das deutlich zurück:

> Ich habe über die menschliche Verfasstheit nachgedacht, über die Stille und die Langsamkeit, über das Altern und wie all dies körperlich zum Ausdruck kommt, was ich aber nie im Sinn hatte, war Voyeurismus. Ich respektiere die Menschen, die ich filme. Ich

Andreas Beitin

Someone hears a shot., with its scenes of violence and premature and unnatural death is in complete contrast to the video *Still Lifes*. In calm takes without camera movement, pans, or zooms it shows everyday life in Argentinian elderly homes. People affected by dementia and the frailty of age are shown going through the motions of the final phase of their lives, which are characterized by routine and boredom. In what are sometimes intimate close-ups *Still Lifes* shows the lives of the residents that are moving toward the inevitable end. Although death is not specifically visible, it can be sensed everywhere through the residents' infirmity. And though in one scene clowns strive to provide entertainment, their efforts appear forced and cannot detract from the imminence of death; the contrast between the staff's bustling activity and the fading away of the residents emphasizes what lies ahead. Another scene shows an old woman having her hair done and eyebrows plucked in the home's own salon—another more or less desperate attempt to counter the inevitability of death with a symbol of life—namely superficial cosmetics. Essentially, the video, which given the high proportion of intensively colored elements comes across as very "painterly," merely shows what happens on a daily basis everywhere in the world, but behind closed doors. And these are things most people in our culture, which is so fanatical about youth(fullness), have no wish to see or experience in any way at all. Simultaneously, the video poses the ethical question of whether *Still Lifes* places people in the public eye using voyeuristic means, which Erik Levine clearly rejects:

war immer dankbar, dass sie mich an sich herangelassen haben, ich hatte Achtung vor ihnen. Ich habe mich ihnen nicht in voyeuristischer Absicht genähert, sondern voller Dankbarkeit, dass mir zu diesen intimen Momenten, die normalerweise hinter geschlossenen Türen stattfinden, Zugang gewährt wird. Bei meiner Arbeit denke ich nie an Voyeurismus. Mir geht es um Wahrheit, und vieles, was mit Wahrheit zusammenhängt, hat mit dem Zugang zur Wahrheit zu tun.[12]

Natürlich zeigt das Video nichts anderes, als das, was tatsächlich vor sich geht, zeigt das, was vielleicht nicht den meisten, aber sicherlich vielen Menschen am Ende ihres Lebens bevorsteht: Das unter geistigen und/oder körperlichen Einschränkungen leidende Dasein, das manchmal jahrelange Dahinvegetieren in Heimen, die meist nichts mit dem zu tun haben, wie man zuvor gelebt hat. Ein weitgehend fremdbestimmter und von den Dienstzeiten des Personals getakteter Tagesablauf am Ende des Lebens. Man denkt unwillkürlich an Jacques Lacans Theorie der zwei Tode, in der er zwischen dem symbolischen, also dem gesellschaftlichen Tod eines Individuums und seinem biologischen Tod unterscheidet.[13] Die in Levines Video zu sehenden Menschen scheinen größtenteils schon den einen, den sozialen Tod, hinter sich zu haben, sie warten folglich nun auf den zweiten. Einige der alten Menschen versuchen geradezu verzweifelt, sich in der Zeit, die ihnen noch bleibt, zu behaupten, es mit oder ohne personelle oder maschinelle Hilfe zu meistern und einen Rest an Würde für sich zu behaupten. Bewusst oder unbewusst spiegelt sich in *Still Lifes* das ganze Spektrum menschlichen Lebens, von der Puppe als Kinderspielzeug, die von Senioren zum Zeitvertreib liebkost wird, bis hin zu in Close-ups gezeigten

12   Ebd.

13   Jacques Lacan, *Die Ethik der Psychoanalyse* [1959 / 60], übers. v. Norbert Haas, Weinheim / Berlin 1995.

12   Ibid.

13   Jacques Lacan, *The Ethics of Psychoanalysis 1959–60. The Seminar of Jacques Lacan, Book VII*, tr. D. Porter, New York 1992.

I thought about the human condition, stillness, slowness, aging, and how these are physically embodied, but I never thought about voyeurism. I always respect the people I film. I was thankful that they let me in, and I honored them, ultimately. So, I did not go in there in a voyeuristic manner. I went in grateful for access to these intimate moments that are almost always kept behind closed doors. In my work in general, I never think about voyeurism. I think about truth and a lot about truth is about access to truth.[12]

Naturally, the video only shows what actually happens, displays those things that if not the majority then certainly many people face at the end of their lives: an existence affected by mental and/or physical limitations, sometimes years spent vegetating in homes, which have little to do with how people previously lived: a daily routine at the end of life that is largely determined by others and organized around staff shifts. One cannot help but think of Jacques Lacan's theory of two deaths in which he distinguishes between the symbolic, in other words, societal death of individuals and their biological death.[13] Most of the people featured in Levine's video already seem societally dead, and are now waiting for their second (physical) death. Some of the old people strive almost desperately to assert themselves as well as they can in the time they have left, and master life with or without the assistance of other people or equipment, wresting a vestige of dignity for themselves. Consciously or unconsciously the entire spectrum of human life is reflected in *Still Lifes*, from

Schlafenden, die den Zustand eines zu einem Ende kommenden Lebens durch den Tod vorausahnen lassen.

Während *Still Lifes* das biologisch determinierte Ende des Lebens thematisiert, ist in dem dreiminütigen Video *a confession* (2007) das drastische, selbst bestimmte Ende eines Lebens – nicht – zu sehen. Auch hier hat Erik Levine *found footage* verwendet, das er mit der Stimme einer Kriminalbeamtin kombiniert. Das Video zeigt die Aufnahme einer Überwachungskamera, die aus einer Ecke eines Vernehmungsraumes ein dramatisches Geschehen aufgezeichnet hat: Ein offenbar gerade festgenommener Mann trinkt aus einer Flasche hastig ein paar Schlucke Wasser, zieht dann unvermittelt einen Revolver aus seiner Hose und erschießt sich. Der eigentliche Suizid wird zwar ausgeblendet, man hört jedoch den Schuss und den auf den Boden fallenden Revolver. Unabhängig von der Fragestellung, wie es überhaupt möglich gewesen ist, dass der festgenommene Mann offenbar ohne Probleme mit einer geladenen Waffe in den Vernehmungsraum gelangen konnte, erschreckt vor allem der ohne Zögern und vermeintlich geradezu kontrolliert erfolgende Suizid. Im weiteren Verlauf des Videos wird die Szene aus der Überwachungskamera durch vorher aufgenommene Sequenzen ergänzt und fragmentiert wiederholt. Zwischen den einzelnen Fragmenten ist der nüchterne Bericht der Kriminalbeamtin über die Aussagen von Kriminellen und das Verhalten ihnen gegenüber zu hören: Wichtig sei es, so die Beamtin, auf die Körpersprache der Festgenommenen zu achten und ihnen das Gefühl zu geben, dass sie nicht vorverurteilt werden und es schon einen Ausweg aus ihrer Situation gebe. Wie schon bei *Someone hears a shot.* steht auch hier der neutrale Ton ihrer Stimme in starkem Kontrast zu dem gezeigten tragischen Geschehen, ebenso wie vor allem der Inhalt der Tonspur dem fahrlässigen Verhalten des Beamten diametral entgegengesetzt ist. Dieses auf einer semantischen Ebene

Andreas Beitin

the doll, the child's toy, which the elderly cuddle to pass the time, to close-ups showing residents asleep, which seems to anticipate the coming end of their lives through death.

While *Still Lifes* addresses the biologically determined end of life, in the three-minute video *a confession* (2007), the drastic, self-determined end of a life is—not—to be seen. Once again Erik Levine has used found footage, which is combined with a detective's voice. The video shows CCTV footage from a camera in the corner of an interrogation room that has recorded a dramatic event: a man who has evidently just been arrested quickly takes a few sips of water from a bottle, and then suddenly pulls a revolver from his waist and shoots himself. Although the suicide itself is omitted, we hear the shot, and the gun falling to the ground, among other sounds like the water dripping onto the floor. Leaving aside the question of how it is possible for an arrested man to smuggle a loaded weapon into the interrogation room, more shocking still is the fact that the suicide is carried out without hesitation and in a seemingly controlled manner. Later in the piece, the scene is repeated in fragments. Between the individual clips we hear a female detective talking unemotionally about the statements of criminals and how to behave toward them: she says it is important to observe their body language, and give them the feeling they will not be prejudged, and that there is a way out of their situation. In a similar way to *Someone hears a shot.* the neutral tone of her voice contrasts starkly with the tragic events that are depicted. Additionally, the officer's careless behavior is diametrically opposed to the content of the detective's voiceover. This paradox

verhandelte Paradox in dem Video wird in Bezug auf die Todesthematik visuell sinnvoll umgesetzt, da, nicht zuletzt auch aufgrund von ethischen Aspekten, der Akt des Selbsttötens nicht gezeigt wird. Wittgenstein umformulierend lässt sich konstatieren, dass das, was man nicht sehen kann, nämlich den Tod, auch nicht gezeigt werden kann. Zugleich nimmt das Schwarz der Blende die Perspektive des Suizidenten auf, denn sein Leben verlöscht, alles wird – vermutlich – schwarz.

Kaum ein Video von Erik Levine verdeutlicht besser die präsente Absenz des Todes als *cold storage* (2014). Das in einem argentinischen Schlachthaus aufgenommene Video ist von unvergleichlicher Intensität in Bezug auf das Zeigen des nicht zeigbaren Todes, vor allem aber in Bezug auf die unerbittliche Unvermeidbarkeit des Todes, was besonders durch das ausgefeilte Sounddesign betont wird. Parallel zu den am Beginn des Videos allmählich lauter werdenden Geräuschen der Schlachtfabrik tauchen Förderanlagen in den Dämpfen der Fabrikhallen auf. Das in geometrischen Formen sprühende Wasser von Reinigungsanlagen ästhetisiert geradezu den Ort des Todes. Weiße Schürzen, Gummistiefel, Handschuhe und Kacheln sind zu sehen. Selbst jemandem, der noch nie in einem Schlachthaus gewesen ist, wird klar, an welchem Ort das Video gedreht worden ist. Druckluft- und hydraulikbetriebene Tore, von Stangen und schweren Eisenketten hochgehievte Gitter werden in konzentrierter Betriebsamkeit vom Personal bewegt. Unterlegt von den gleichmäßig metallischen Geräuschen des Betriebes geht alles seinen Lauf. Haken, Ketten, Räder, Halterungen ziehen unaufhaltsam ihre Bahn. Arbeiter prüfen sorgfältig die Schärfe ihrer Messer, die bald blutbedeckt in regelmäßigen Abständen von Wasser abgespült werden. Kein menschliches, kein tierisches Geräusch ist an dem Ort des industrialisierten Tötens zu hören, alles geht scheinbar unaufgeregt vonstatten. Erst gegen Ende des Videos taucht an einem Laufband hängend geschlachtetes Vieh auf. Metallisch schlägt

14   Grace Jones, *Slave to the Rhythm* (1985): "Work all day as men who know / Wheels must turn to keep the flow / Build on up, don't break the chain [...]".

treated at a semantic level in the video is visually realized regarding the topic of death, as (not least owing to ethical aspects) the actual suicide is not shown. Rewording Wittgenstein it can be said that you cannot show, what cannot be seen, namely death. Simultaneously, the black screen reflects the perspective of the man who commits suicide, since presumably when his life is extinguished everything turns to black.

Few videos by Erik Levine more clearly illustrate the presence of the absent death than *cold storage* (2014). The video recorded in an Argentinian slaughterhouse is of incomparable intensity in showing unpresentable death, but above all regarding the pitiless inevitability of death, which is emphasized in particular by the sophisticated use of sound. Parallel to the audio that increases in volume at the beginning of the video, the conveyor systems rise up out of the steamy interior. Then, sprayed in geometric shapes, the water from the apparatuses serves to make this place of death more aesthetic. We also see white aprons, rubber boots, gloves, and tiles. Even people who have never been in an abattoir before will realize where the video was recorded. Gates operated by compressed air and hydraulics, grids lifted up by bars and heavy iron chains are moved by the staff in concentrated activity. Everything takes its course accompanied by the factory's even metallic sounds. Hooks, chains, wheels, and straps continue on their way, incessantly. Employees carefully check the sharpness of their knives, which will soon be covered in blood and rinsed at regular intervals with water. No sound from humans or beasts is to be heard in this place where killing is industrialized, everything seems to happen calmly. Only at the end of the video

der Takt eines Zahnrades dazu. Ein ins Leere vor sich hin starrender Arbeiter steht bereit, sein Werk zu verrichten – „Slave to the rhythm"[14]. Es stellt sich beinahe die Frage, wer mehr zu bedauern ist, das Tier oder der Mensch, der den Kampf des Überlebens weiter führen muss.

Auch wenn es in *cold storage* in erster Linie um den Tod und das industrialisierte Töten geht, so spielt – wie auch in anderen Videowerken von Erik Levine – auf einer Metaebene ebenso der Aspekt des Scheiterns eine nicht zu vernachlässigende Rolle. Der Tod ist das ultimative Scheitern am Leben und es ist das Scheitern des Lebens selbst, auch wenn er die unvermeidliche Konsequenz desselben ist. Aber es geht in den Videos von Levine auch immer wieder um das Scheitern auf individueller Ebene, wie etwa in *a confession*. Das individuelle Scheitern steht dabei zugleich auch pars pro toto für das Scheitern der Gesellschaft. Wenn auch das 20. Jahrhundert in vielen Bereichen eine Erfolgsgeschichte beispielsweise der Technik und der Medizin war, so war es aber auch ein Jahrhundert des Scheiterns: Monarchien, Demokratien, Diktaturen, Sozialismus, die massenhaften Toten der Weltkriege, die grenzenlosen Umweltschäden und vieles andere mehr. In gewisser Hinsicht kann man auch die heutige Form des Kapitalismus bereits als gescheitert ansehen. Das Scheitern ist also generationenübergreifend und für weite Teile der Gesellschaft eine grundlegende Erfahrung. Auch die Zukunft sieht nicht besser aus: „Eine ganze Generation lebt unter dem Eindruck, dass sie scheitern wird – wirtschaftlich, ökologisch und sozial", so der Kulturphilosoph Bazon Brock.[15] Diese Dialektik aus Erfolg einerseits und Scheitern andererseits findet eine treffende Analogie zu dem eingangs konstatierten Paradox der präsenten Absenz des Todes, seiner eigentlichen unsichtbaren Sichtbarkeit. Scheitern und Tod, diese beiden am weitesten aus der Realität des Lebens ausgeblendeten Faktoren, mit denen wir im Laufe des Lebens dennoch

14   Grace Jones, *Slave to the Rhythm* (1985): „Work all day as men who know / Wheels must turn to keep the flow / Build on up, don't break the chain [...]".

15   Bazon Brock, „Der Barbar als Kulturheld. Ästhetik des Unterlassens, Kritik der Wahrheit. Wie man wird, der man nicht ist", in: ders., *Gesammelte Schriften 1991–2002*, Köln 2002, S. 310.

Andreas Beitin

15   Bazon Brock, "Der Barbar als Kulturheld. Ästhetik des Unterlassens, Kritik der Wahrheit. Wie man wird, der man nicht ist," in: *Gesammelte Schriften 1991–2002*, Cologne 2002, p. 310.

two slaughtered animals appear hanging from a conveyor system, accompanied by the industrial sounds of the gears and machinery. A worker staring into space stands ready to do his job—"Slave to the rhythm"[14]. You almost feel tempted to wonder who you should pity more, the animal or the human, who has to continue his own battle for survival.

Even though *cold storage* primarily addresses death and industrialized killing—as in other videos by Erik Levine—the aspect of failure plays a role on a meta level that is not negligible. Death is the ultimate failure of life and it is the failure of life itself, even if it is the inevitable consequence of the latter. But in his videos Levine always also addresses failure on an individual level, as in *a confession*. And individual failure also stands pars pro toto for the failure of society. Even though the twentieth century was marked by many successes, for example in the fields of technology and medicine, it was also characterized by failure: monarchies, democracies, dictatorships, socialism, death on a massive scale in the world wars, immense environmental damage, and many others. To a certain extent, you can also say that today's form of capitalism has failed, too. In other words, failure is a phenomenon experienced by all generations, and a fundamental experience for large sections of society. Nor does the future look any better: "An entire generation is living under the impression that it will fail—economically, ecologically and socially," asserts art and media philosopher Bazon Brock.[15] This dialectics of success on the one hand and failure on the other finds an apt analogy to the paradox of the presence of the absent death mentioned initially, its own invisible visibility. Failure and death, these two factors that are as far as possible

unvermeidbar konfrontiert werden, bilden die zentralen Pfeiler im Werk von Erik Levine. Sie in ihrer unverfälschten und brutalen Faktizität als Teil des Lebens ins Bewusstsein zu bringen und dabei nicht auf die gängige Ästhetik von Dokumentar- oder Spielfilmen zurückzugreifen, sondern eine eigene Sprache zu finden, ist das große Verdienst der kraftvollen Videos von Erik Levine, die keine Zweifel an ihrer Dringlichkeit aufkommen lassen. •

excluded from the reality of life, but with which we are inevitably confronted in the course of our lives, form the central pillars of Erik Levine's work. It is very much to the artist's credit that his powerful videos succeed in making people fully aware of failure and death in all their unquestionable urgency, and their unadulterated, brutal factuality without resorting to the common esthetics of documentary or commercial film and instead through a language all his own. •

cold storage

cold storage, 2014,
Ein-Kanal-Video (HD),
Farbe, Stereo-Ton, 18' 10" /
Single-channel HD video,
color, stereo sound, 18' 10"

cold storage zeigt in einer detailreichen und geradezu andächtigen Bildsprache den erbarmungslosen Ablauf in einem Schlachthaus, an dessen Ende der Tod steht. Die spezifische Kombination aus Bild und Ton erzeugt Spannung und lässt das erahnen, was letztendlich doch nicht zu sehen ist.

cold storage utilizes rich detail and ritualistic imagery to explore the inexorable march toward death as seen through the prism of a slaughterhouse. The distinct combination of imagery and sound provokes suspense and anticipation of that which remains ultimately unseen.

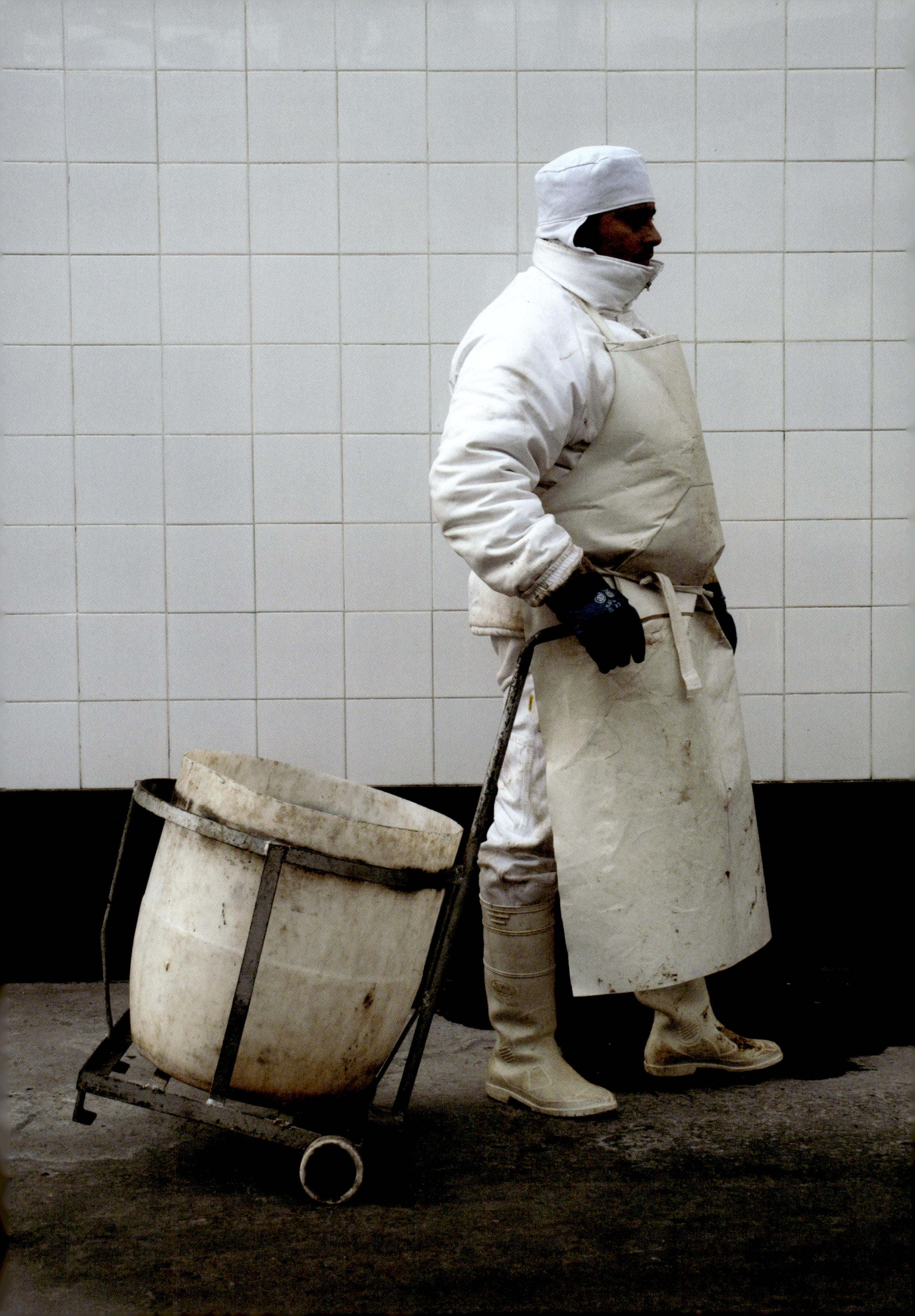

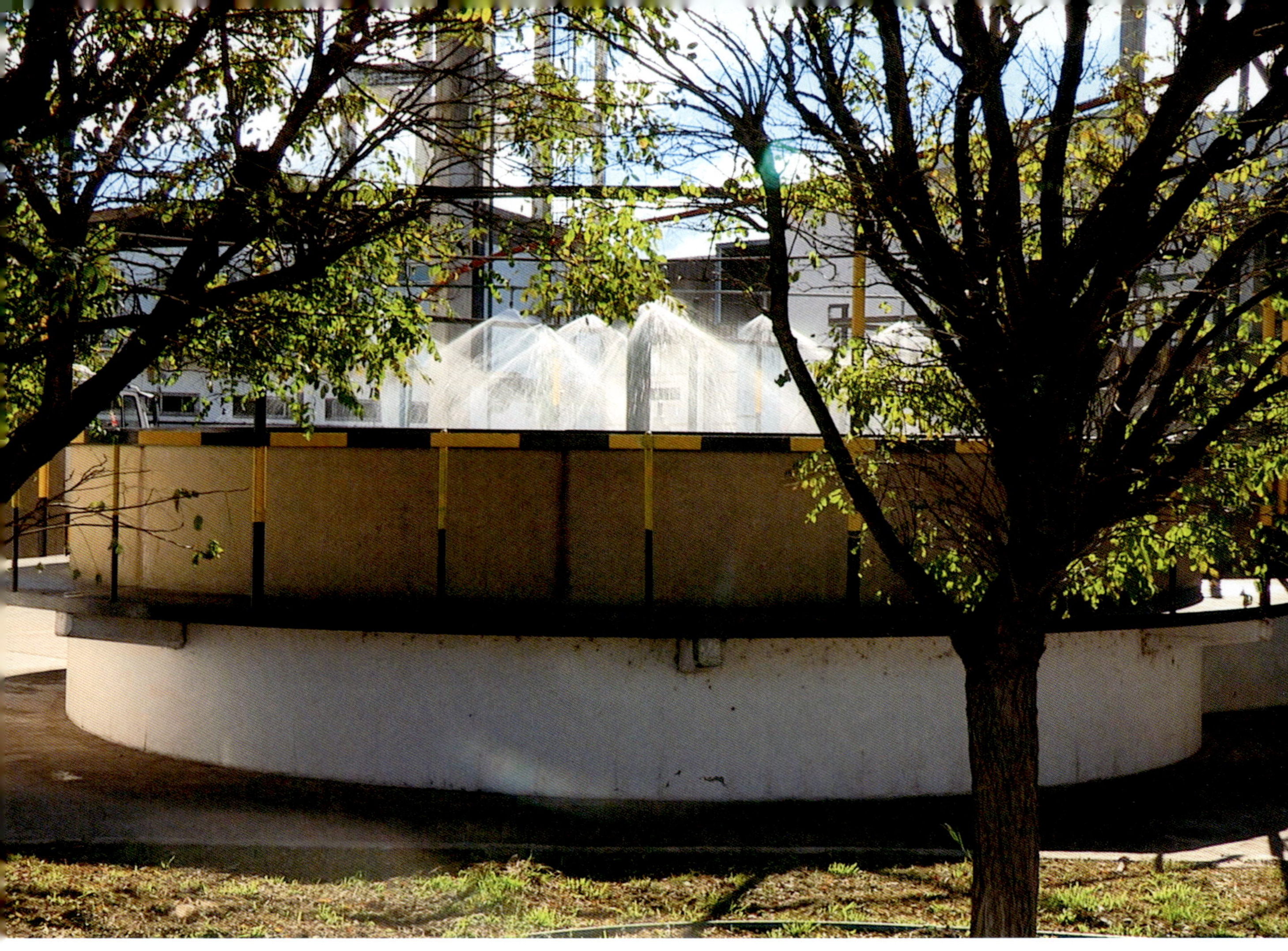

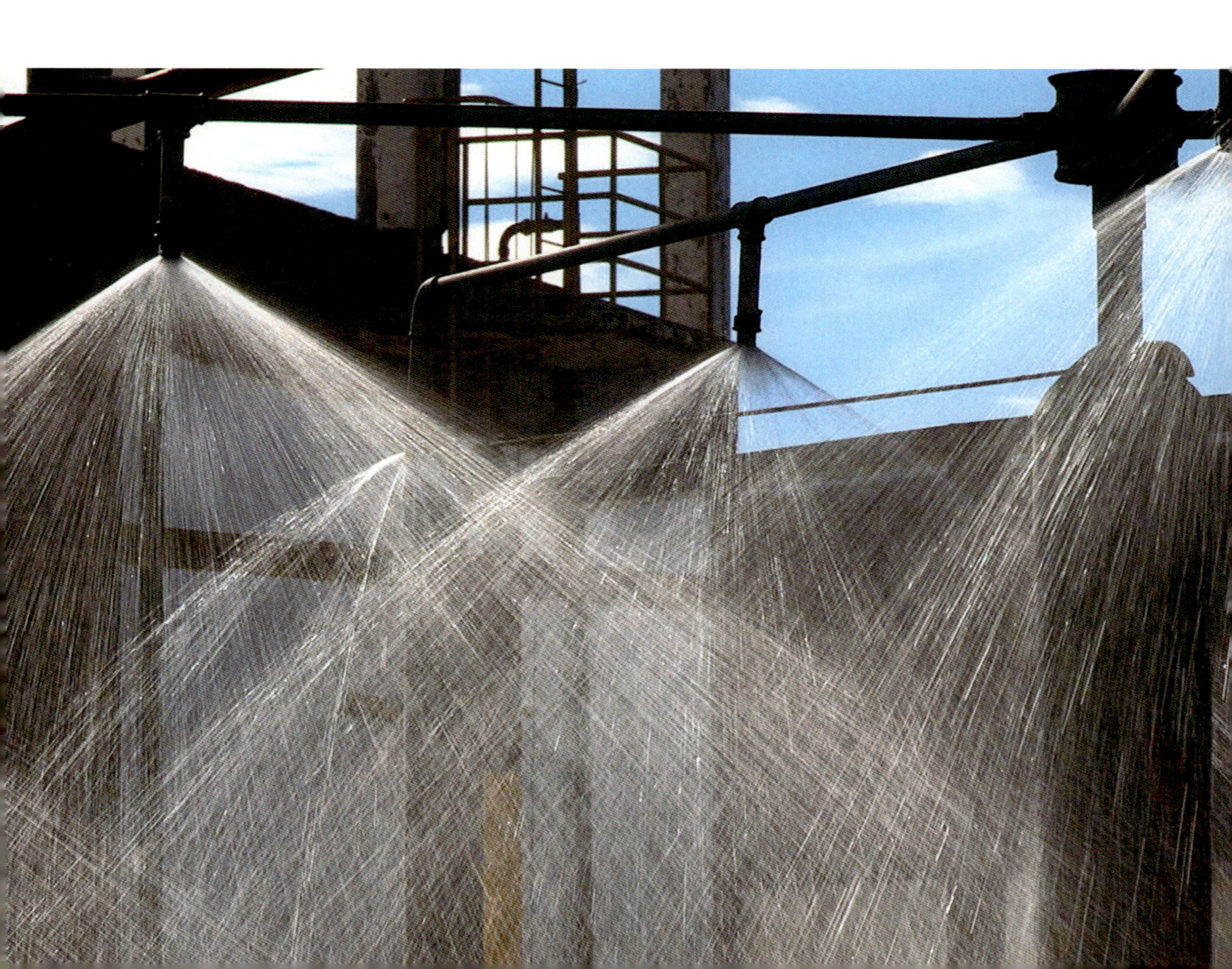

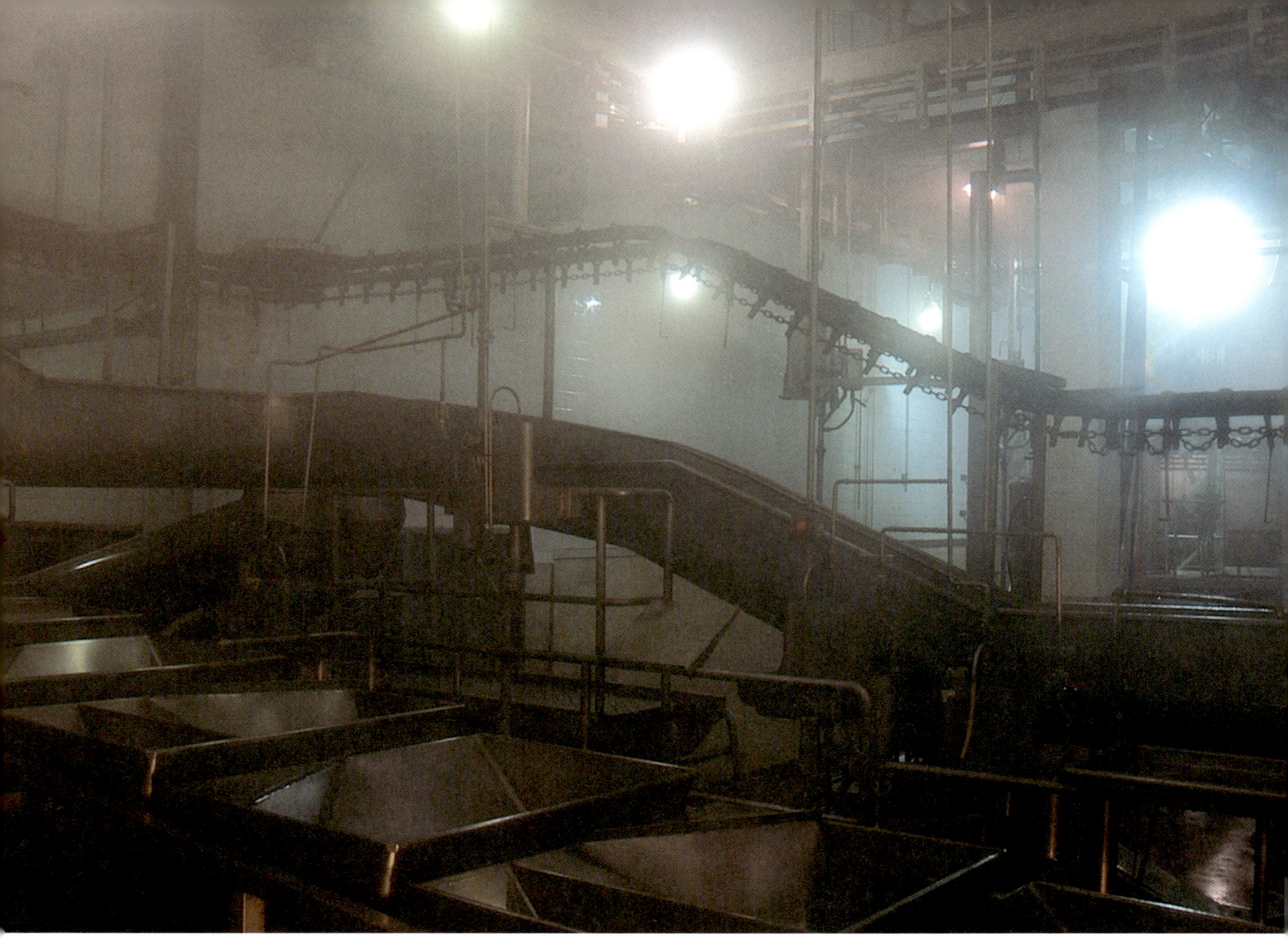

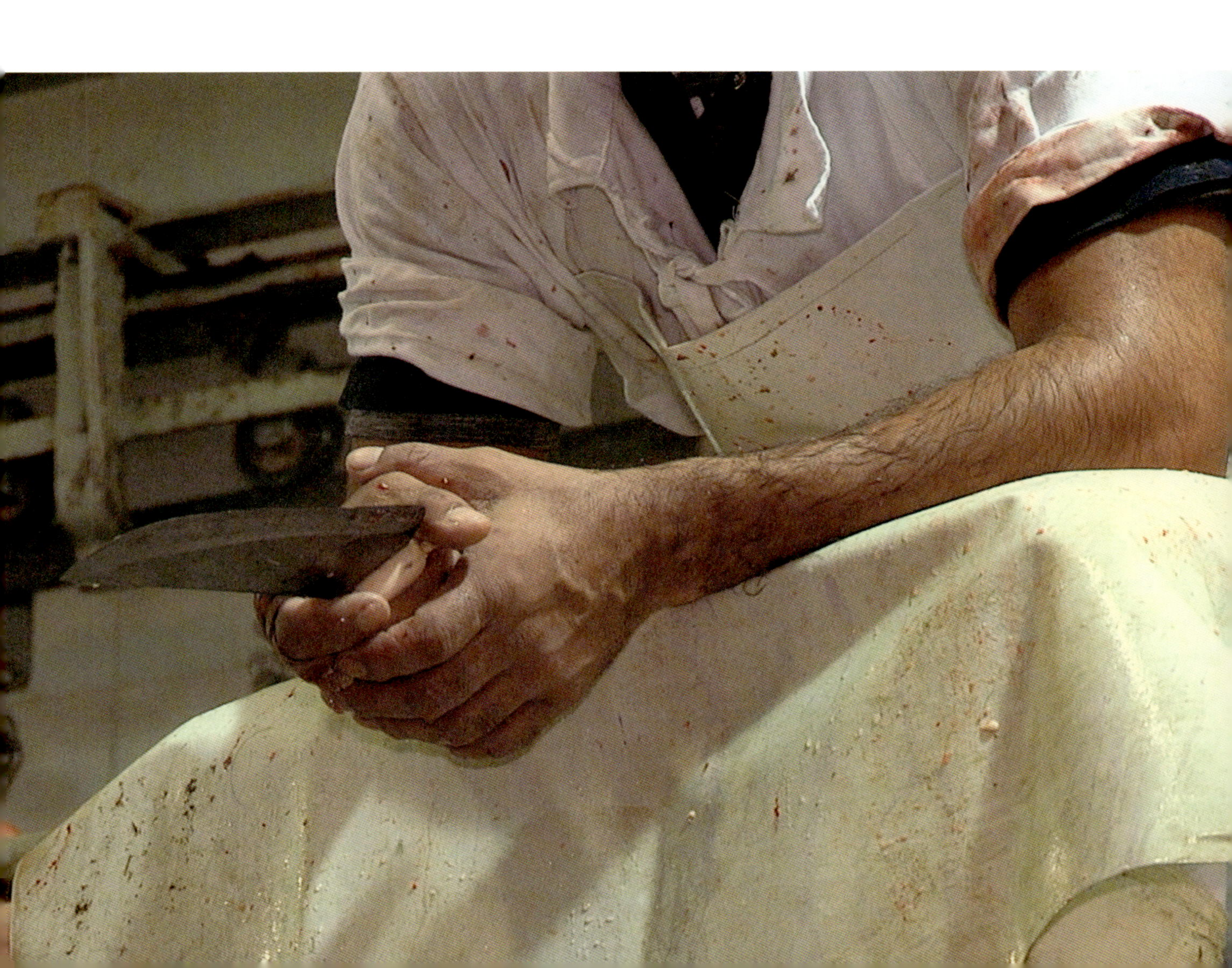

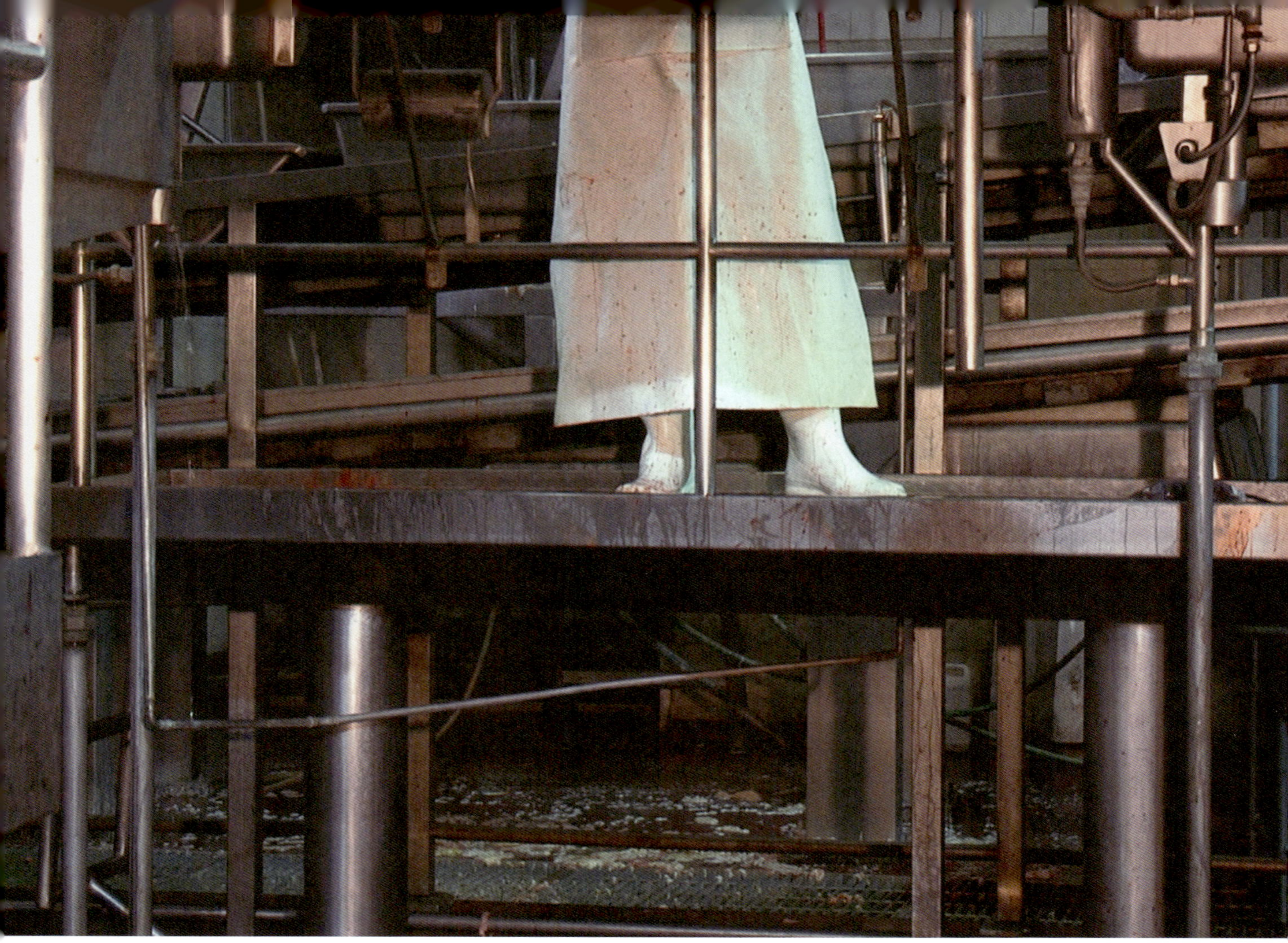

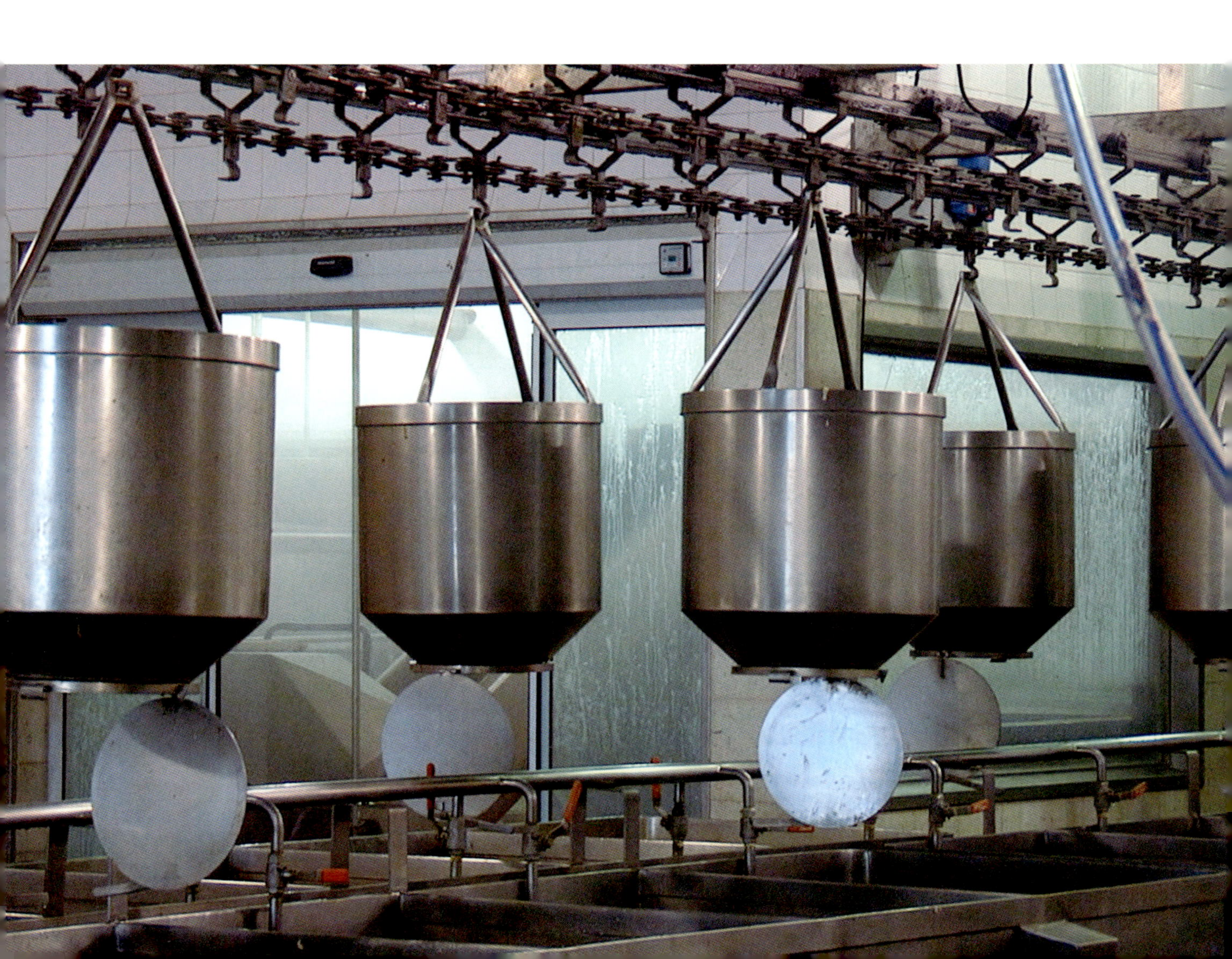

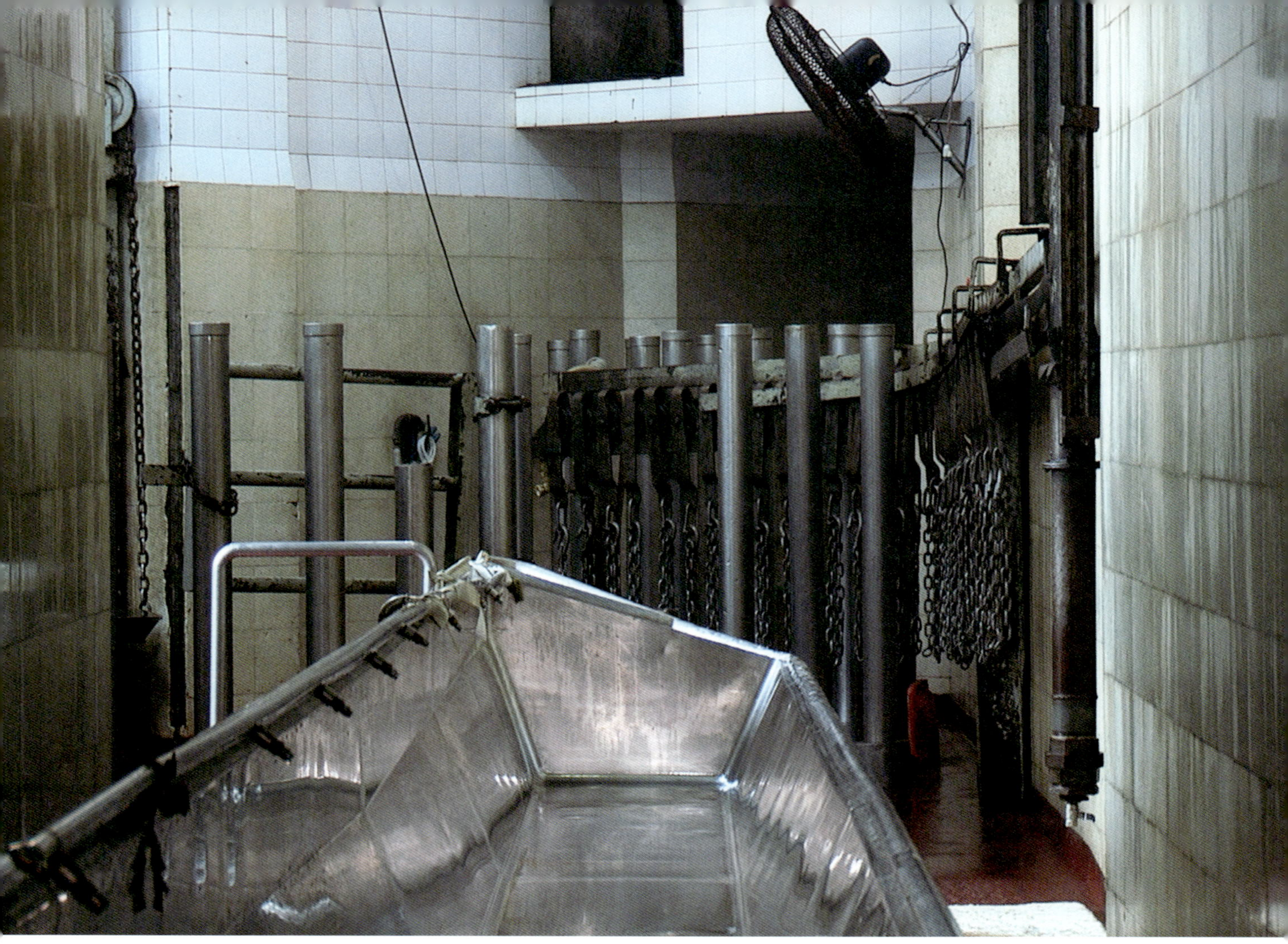

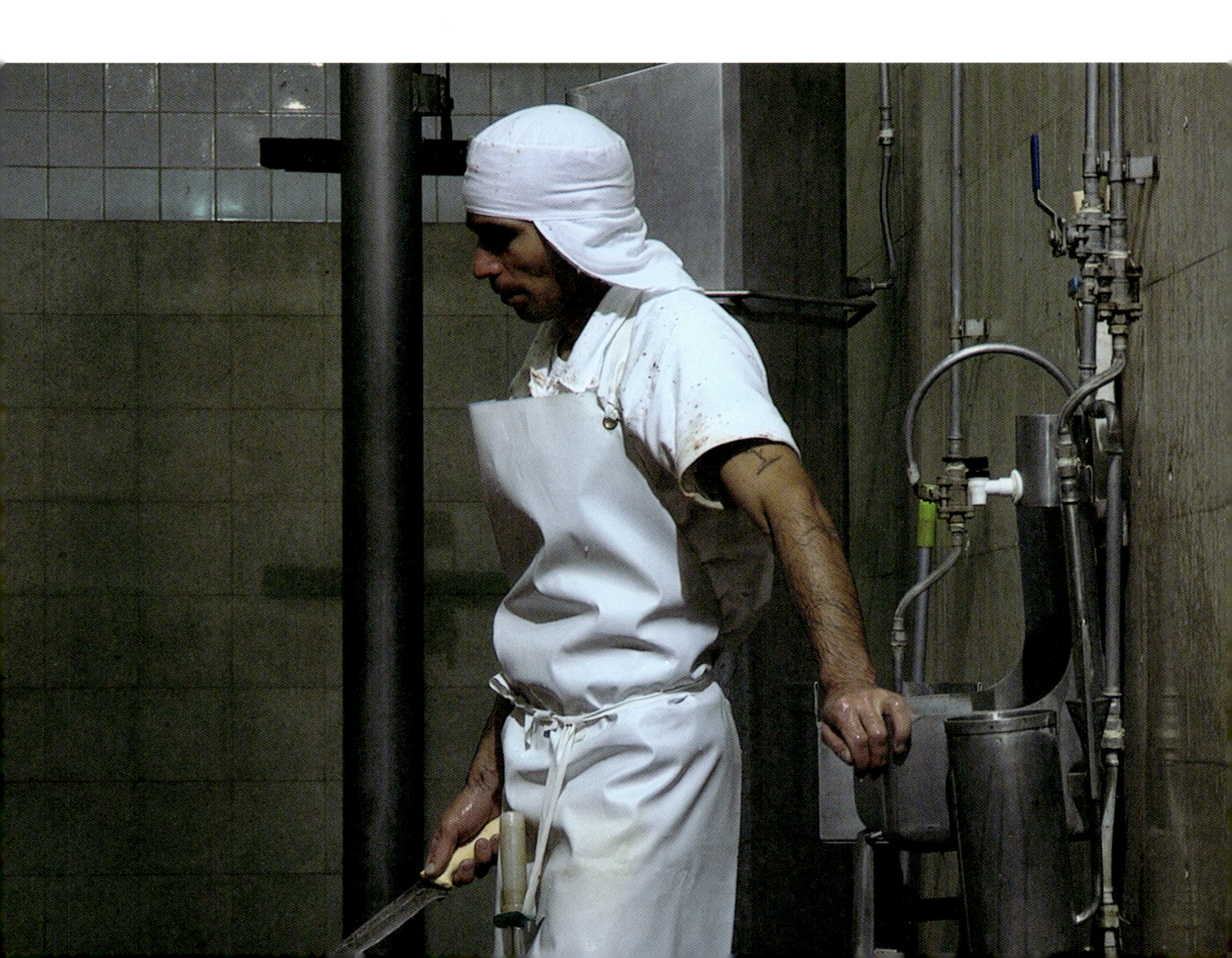

Dem Gegenüber ins Gesicht sehen: Frauen und Maskulinität in Erik Levines Werken

Leila Farsakh

Facing the Other: Women and Masculinity in the Work of Erik Levine

Welcher Platz wird den Frauen in Erik Levines Œuvre eingeräumt? Auf den ersten Blick: keiner. In *More Man* wird eine Welt gezeigt, in der Jungs alles geben, um – durch eine Art Feuertaufe – zu Männern zu werden: Trainer brüllen ihre Teams an, sie sollen gefälligst tough und konzentriert sein und gewinnen oder, falls nicht, eben zugrunde gehen. Levine zeigt eine Welt narzisstischer Männer, für die sich alles nur um ihren Schwanz dreht, im übertragenen wie im wörtlichen Sinne, deutlich zu sehen in *cocker* und *Someone hears a shot.* Im ersteren Werk dient der Hahn als Projektion der Maskulinität des Mannes, seiner Ehre, seiner Stärke. Der Hahn wird nur für den alles entscheidenden Kampf aufgezogen, erfährt aber gleichzeitig viel Zärtlichkeit und Zuwendung: Levine zeigt uns die Liebe, mit welcher der Trainer das Tier zurechtmacht, es herausputzt und liebkost, mit einer Hingabe, die uns unweigerlich an jene erinnert, die Männer sich selbst oft bei ihrer Pflege zukommen lassen. Das Zurschaustellen von toten Gazellen – deren Hörner das Einzige sind, was nach ihrer Tötung in *Someone hears a shot.* noch aufrecht steht – symbolisiert das Phallische mit seinem immerwährenden Drang zu herrschen, durch Auslöschen des „Gegenübers" eben dieses zu bezwingen; das wehrlose Schwache, das nur flüchten kann oder überrumpelt wird. Das Knallen der Gewehrschüsse in diesem Werk, ebenso wie der einzelne Schuss, der in *a confession* fällt, bringt uns die männliche Faszination für Waffen ins Bewusstsein, Ursprung eines ganzen Industriezweiges, der dank der schützenden Hand einer schier unbezwingbaren Waffenlobby in den USA stets weiter am Wachsen ist. Waffen, die zum Tode von Unschuldigen führen – wie im Fall der Kinder von Sandy Hooks oder des Vaters des Künstlers selbst – oder bei Selbstmorden zum Einsatz kommen, hier begangen, um einer Gefängnisstrafe zu entgehen, wobei das Gefängnis ja wiederum ein Ort ist, an dem ebenfalls vorrangig Männer zu finden sind.

What place is there for women in Erik Levine's oeuvre? On the face of it: none. It is a world of boys trying to become men through baptism by fire in *More Man*: coaches shouting at their teams to be tough, focused, and win or otherwise perish. It is a world of narcissistic men obsessed with their cock, literally or metaphorically, as portrayed in *cocker* and *Someone hears a shot.* In the former piece, the rooster is a projection of man's masculinity, his honor, his strength. It is groomed for the existential fight but it is also treated with tenderness and care as Levine shows us the love with which the trainer trims the animal and cuddles it in ways that cannot help but evoke the way men often treat themselves. The display of dead gazelles—their horns the only thing standing after their killing in *Someone hears a shot.*—symbolizes the phallic that always wants to reign, to conquer by eliminating the "other"; the weak that cannot fight back, which can only run away or be taken by surprise. The sounds of gunfire in this piece, as well as the single shot in *a confession*, remind us of the male fascination with guns, an industry that does not stop growing under the tutelage of an undefeatable arms lobby in the United States, guns that lead to the murder of innocents—be it children in Sandy Hook or the artist's own father—or are used to commit suicide in an attempt to escape prison, another space predominantly occupied by men.

Yet women and female symbols are woven into the various pieces of Levine's work in subtle if not always obvious ways: the silky flapping curtains and flowered bedcovers in *Still Lifes*; female voices in songs played in *coyoteNorth*, evoking longing, yearning, and loss; and the scrims shielding immigrants, reminding

Frauen und weibliche Symbole sind jedoch in die verschiedenen Werke Levines auf subtile, nicht immer gleich augenfällige Art und Weise eingebunden: seidig flatternde Vorhänge und geblümte Bettüberwürfe in *Still Lifes*; weiblicher Gesang in den Liedern, die in *coyoteNorth* zu hören sind, und von Verlangen, Sehnsucht und Verlust erzählen; die als Sichtschutz der Einwanderer eingesetzten Baumwollplanen, die uns an Wäscheleinen und an die Rolle der Frau als Wirtschafterin, stets unsichtbar in Hintergrund, erinnern, oder an verhüllende Schleier, hinter denen Frauen wie Männer, legale wie illegale Arbeitskräfte verborgen sein mögen.

Frauen werden durch ihre Abwesenheit in Levines Werken erst wirklich präsent. Sie sind Zeuginnen der Maskulinität und der ihr innewohnenden Verletzlichkeit, sowohl als Betrachterinnen als auch als aktiv Handelnde. Ihre wahrscheinlich größte Bedeutung erlangen sie in der Rolle als Sprecherinnen, die das in Worte fassen, wovon man nicht sprechen kann.[1] Ungeachtet Wittgensteins Rats streben sie danach, Erklärungen abzugeben, den Betrachtenden, und Männern generell, das Unerträgliche verständlich zu machen, den Tod.

Im Video *Someone hears a shot.* ist es eine Frau, eine Kriminalbeamtin, die in Form einer Rückblende schildert, wie der Mord ablief, und Hinweise liefert, die hilfreich sein könnten bei der Aufklärung, wer den Vater des Künstlers auf so kurze Distanz völlig überraschend getötet haben könnte. Ihre professionelle, klare Stimme und Haltung werden kontrastiert durch die Stille des Autos, den Abtransport des Leichnams, Aufnahmen vom Tatort. Im Video *a confession* ist es – bei schwarzem Bildschirm – nach dem Knall des Schusses, tropfendem Wasser, allgemeinem Umgebungslärm und dem Geräusch des herabrutschenden Körpers einzig und allein ihre Stimme, die zu hören ist. Ihre respekteinflößende Präsenz wird durch den Verzicht auf begleitende Bilder hervorgehoben, wenn

1   Vgl. Ludwig Wittgenstein, *Tractatus logico-philosophicus*, Frankfurt am Main 1963.

Leila Farsakh

1   Ludwig Wittgenstein, *Tractatus Logico-Philosophicus*, London 1922.

us of clotheslines and women's role of caretaker who are nowhere to be seen, or of veils that hide legal and illegal workers, be it women or men.

Women are clearly present by their absence in Levine's work. They are witnesses of masculinity and its vulnerability, both as viewers and as agents. Most significantly perhaps, they are the spokespersons who put "into words that which should not be spoken of."[1] Contrary to Wittgenstein's recommendation, they seek to explain, to spell out to the viewer, and to men, the unbearable: death.

In *Someone hears a shot.*, it is the woman detective who tells, backwards, how the murder took place and offers clues for determining who killed the artist's father by surprise at such close range. Her professional clear voice and demeanor is contrasted with the stillness of the car, the dead body being carried away, the shot of the crime scene. In *a confession*, her voice is the only one we hear, over black, after the sounds of the gunshot, dripping water, ambient room noises, and a slumping body. Her authoritative presence is accentuated by the absence of any image as she explains the body language of a presumably guilty man. She is the expert but she is also empathetic; she can determine when a person tells a lie, but also makes no definitive judgment. She tells the viewer that no promises can be made but also that a way out needs to be offered: masculinity is vulnerable.

Women seem to offer clues for how to deal with vulnerability, manifested most poignantly in old age as portrayed in *Still Lifes*, Levine's latest and longest piece. Female characters predominate in *Still Lifes*, which opens with the image of an elderly woman breathing while she sleeps and concludes with another walking toward or away from something, maybe death itself. The video

sie die Körpersprache eines mutmaßlich schuldigen Täters beschreibt. Sie ist die Expertin, aber dennoch einfühlsam; sie kann feststellen, ob jemand Lügen erzählt, fällt aber kein endgültiges Urteil. Sie erläutert den Betrachtenden, dass zwar keine Versprechungen gemacht werden können, aber immer ein Ausweg angeboten werden sollte: Männlichkeit ist verletzlich.

Frauen scheinen mit Verletzlichkeit besser umgehen zu können, was sich am ergreifendsten im hohen Alter manifestiert, wie Levine es in seinem jüngsten und längsten Werk *Still Lifes* porträtiert. In *Still Lifes* überwiegen die weiblichen Charaktere, der Film beginnt mit Bildern einer älteren Frau, einer Beobachtung ihres Atmens im Schlaf, und endet mit einer anderen Frau, die auf etwas zu- oder vor etwas wegzulaufen scheint, vielleicht dem Tode selbst. Das Werk verknüpft die unterschiedlichen Strategien, mit denen sowohl Männer als auch Frauen versuchen, ihrem unausweichlichen Ende zu trotzen, ganz gleich, ob sie völlig reglos vor Fernsehbildschirmen sitzen, wo Actionfilme ablaufen, ob sie versuchen, ein Buch zu lesen, das doch stets geschlossen bleibt, ob sie eine Taube beobachten, wie sie herumtrippelt und sich für den Abflug bereit macht – es scheint, als würde all dies sie an eine Beweglichkeit und Freiheit erinnern, die ihnen schlicht nicht mehr gewährt ist. Es sind aber vor allem Frauen, die sich aktiv gegen den Tod stellen, indem sie sich ein Gefühl der Würde bewahren: Wir sehen einer älteren Dame zu, die sich ihre kümmerlichen Augenbrauen waxen lässt, einer anderen, die sich Locken in ihr feines, weißes Haar drehen lässt, obwohl sie später doch nur vor dem Fernseher vor sich hindösen wird. Wir finden rot lackierte Nägel an faltigen, doch unverwüstlich scheinenden Fingern, die mit äußerster Mühe ein Stück Brot mit Butter bestreichen, ein ganz banaler Vorgang im Leben, den die meisten wohl als etwas völlig Selbstverständliches betrachten, der aber im hohen Alter überaus beschwerlich werden kann.

stitches together ways in which men and women try to keep their inevitable death at bay, whether by watching motionless action movies on TV screens, attempting to read a book that never opens, or looking at a pigeon pacing and about to fly, as if to remind them of an agility and freedom they no longer have. Yet it is mostly women who are shown actively defying death by insisting on a sense of dignity; we see an elderly lady having her frail eyebrows waxed, another having curls put into her thin white hair even though she will end up dozing off in front of the television. We see red nail polish on wrinkled, resilient fingers which are painstakingly spreading some butter over a piece of bread, a mundane act of survival most of us take for granted and yet so arduous in old age.

One could argue that Levine sheds a typical male gaze on women: they are beauticians, caretakers, nurses, or clowns with colorful faces and frivolous skirts seeking to bring joy and lightness to the elderly. They are also mothers who hold dolls, pink white dolls, to whom they sing childhood lullabies as their minds regress into dementia. But he shows us time and again that it is not only women who can be motherly; we see the hands of a man holding the same doll tenderly before it falls off his grip as consciousness seeps away from him. Aging is not gender-specific and beauty saves no one from death.

Levine's art speaks to women as much as men because it deals with the human condition in its fragility. Although it is dominated by men, we know that masculinity is not unique to males or under their monopoly. In an era in which it is becoming increasingly acknowledged that sexuality and gender do not always align together, Levine reveals how masculinity is constructed and that it is

Man könnte einwenden, dass Levine Frauen mit einem typisch männlichen Blick betrachtet: Wir sehen Kosmetikerinnen, Betreuerinnen, Krankenpflegerinnen oder weibliche Clowns mit bunt geschminkten Gesichtern und albernen Röcken, die den Seniorinnen und Senioren etwas Freude und Leichtigkeit vermitteln sollen. Sie sind auch Mütter, die Puppen in Pink und Weiß im Arm halten und ihnen Kinderlieder vorsingen, während ihr Geist sich immer weiter in die Demenz zurückzieht. Aber Levine zeigt uns auch ein ums andere Mal, dass es nicht nur die Frauen sind, die sich mütterlich verhalten; wir sehen dieselbe Puppe, liebevoll gehalten in den Händen eines Mannes, bevor sie ihm entgleitet, weil das Bewusstsein ihn verlässt. Das Altern ist nicht geschlechtsspezifisch und auch Schönheit kann niemanden vor dem Tod bewahren.

Levines Kunst spricht Frauen wie Männer gleichermaßen an, weil sie sich mit dem Menschen in seiner Zerbrechlichkeit befasst. Selbst wenn seine Kunst männlich geprägt ist, wissen wir doch, dass Maskulinität keine Eigenschaft ist, die alleine bei Männern zu finden ist. In einem Zeitalter, in welchem sich mehr und mehr die Erkenntnis durchsetzt, dass das sexuelle und das soziale Geschlecht nicht immer notwendigerweise miteinander in Einklang stehen, zeigt uns Levine, wie Maskulinität konstruiert ist, und dass sie ebenso zerbrechlich ist wie das Altern einsam und grausam. In beiden Fällen ist ein „Gegenüber" notwendig, um sie erträglich zu machen, um mit dem Schreckgespenst des Todes umgehen zu können. Dieses „Gegenüber" kann ein Arbeitskollege sein, der ebenfalls ein Einwanderer ist, ein Mitbewohner im Seniorenwohnheim oder eine Ehefrau, die ihrem Mann die Lesebrille einfach zum Eigengebrauch aus der Brusttasche nimmt, um dann aber innezuhalten und ihm hinterherzulaufen, wenn er aufsteht und weggeht, sichtlich verärgert über ihre mangelnde Achtsamkeit. Solange aber das „Gegenüber" nur eine Projektion des eigenen Selbst ist, wie im Fall der Trainer in *More Man* oder

Leila Farsakh

just as frail as aging is solitary and cruel. Both are in need of an "other" in order to be bearable, to cope with the specter of death. That "other" could be a fellow immigrant worker, a resident in an elderly home, or simply a wife taking glasses from her partner's pocket only to stop and follow him as he stands up to leave, upset by her lack of notice. Yet, so long as the "other" is only a projection of the self, like the coaches in *More Man* or the rooster in *cocker*, one cannot be saved from alienation or oblivion. The same is true when the "other" is invisible as in the concluding scene of *Still Lifes* where a man crosses the woman's path, not paying any attention to her. In this regard, Levine's works leave us with the realization that without interaction there is no recognition and without recognition there is no existence, however constructed, violent, futile, or ephemeral it may be. •

des Hahnes in *cocker*, kann es keine Rettung vor Entfremdung oder dem Vergessen bieten. Das Gleiche gilt, wenn das „Gegenüber" unsichtbar bleibt, wie in der Abschlussszene von *Still Lifes*, wo ein Mann den Weg einer Dame kreuzt, sie dabei aber überhaupt nicht wahrnimmt. Levines bewegende Werke rufen in uns die Erkenntnis hervor, dass es ohne Interaktion kein Erkennen gibt, und ohne Erkennen keine Existenz, ganz gleich wie konstruiert, gewalttätig, flüchtig oder vergänglich diese auch sein mag. •

Still Lifes, 2016
Ein-Kanal-Video (HD), Farbe,
Stereo-Ton, 27' 30" /
Single-channel HD video,
color, stereo sound, 27' 30"

Basierend auf Videomaterial
über in Altersheimen und
betreuten Wohneinrichtungen
lebende Menschen, verwebt
Still Lifes verdichtete Narrative,
welche die Grenzen zwischen
unterschiedlichen Realitäten
verwischen.

Aging embodies, represents,
and concretizes the passage
of life in all its permutations
and variations. Comprised of
material that looks at people
who live in retirement homes
and assisted living facilities,
Still Lifes weaves together
condensed narratives that blur
distinctions between varying
realities.

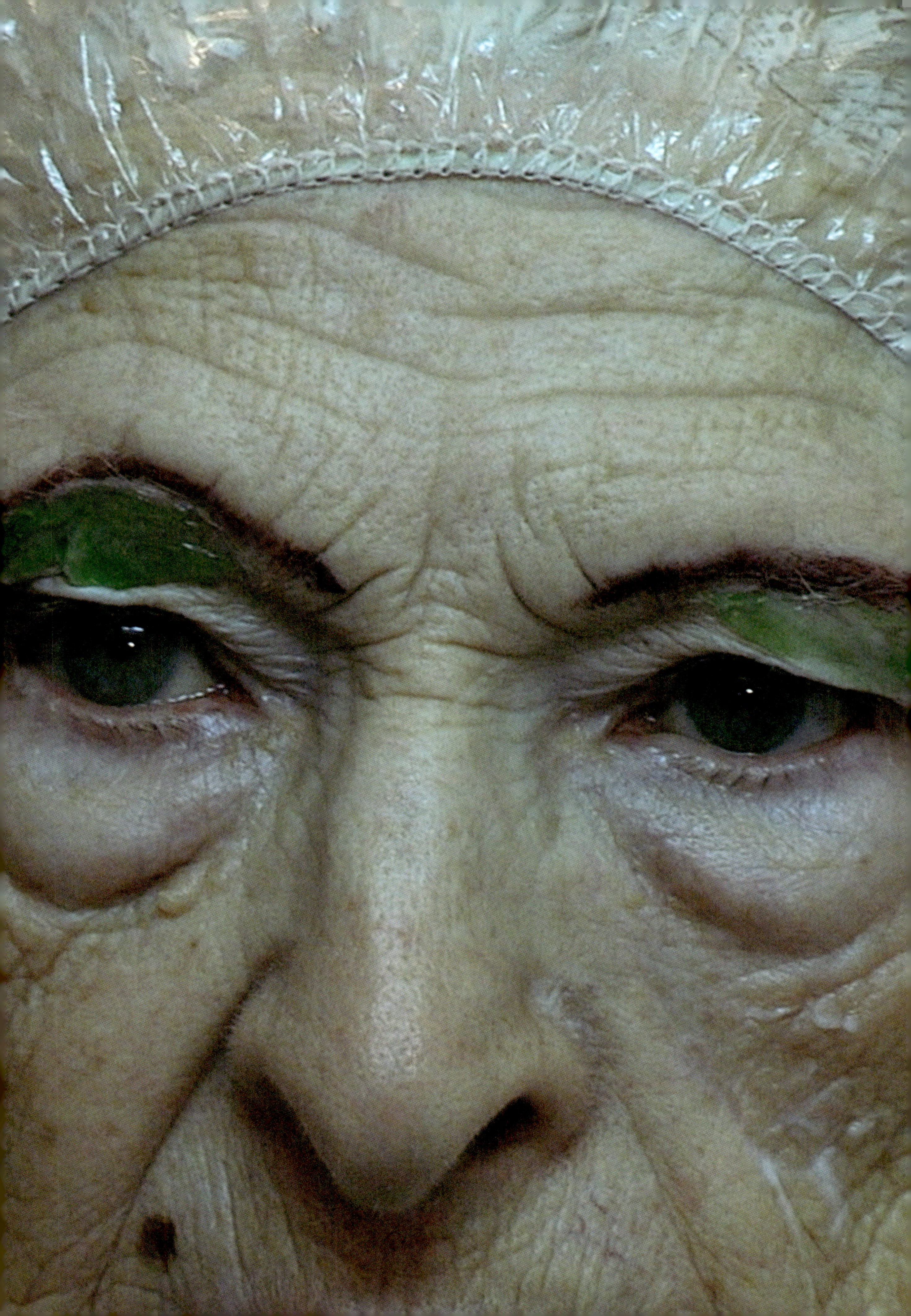

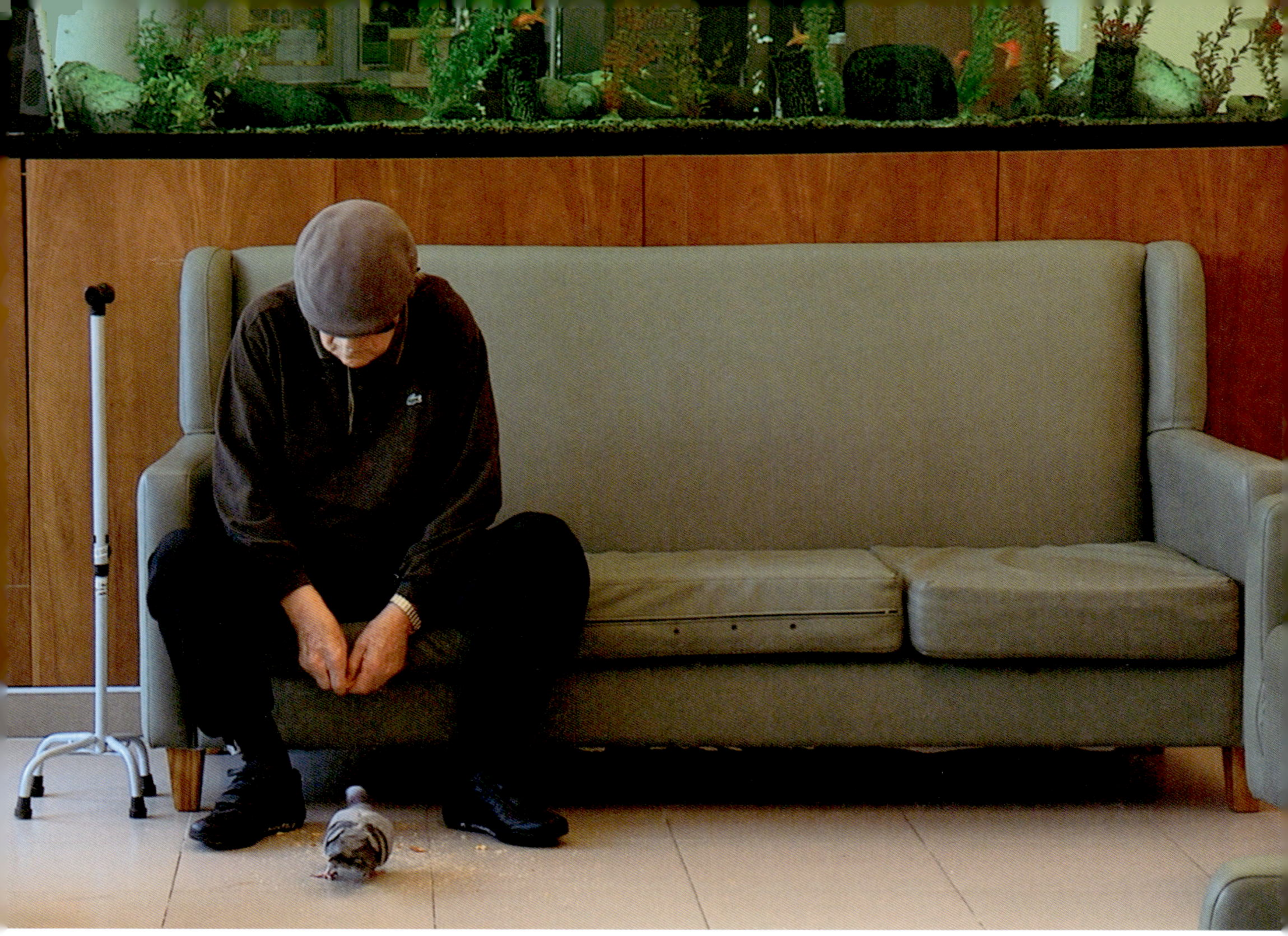

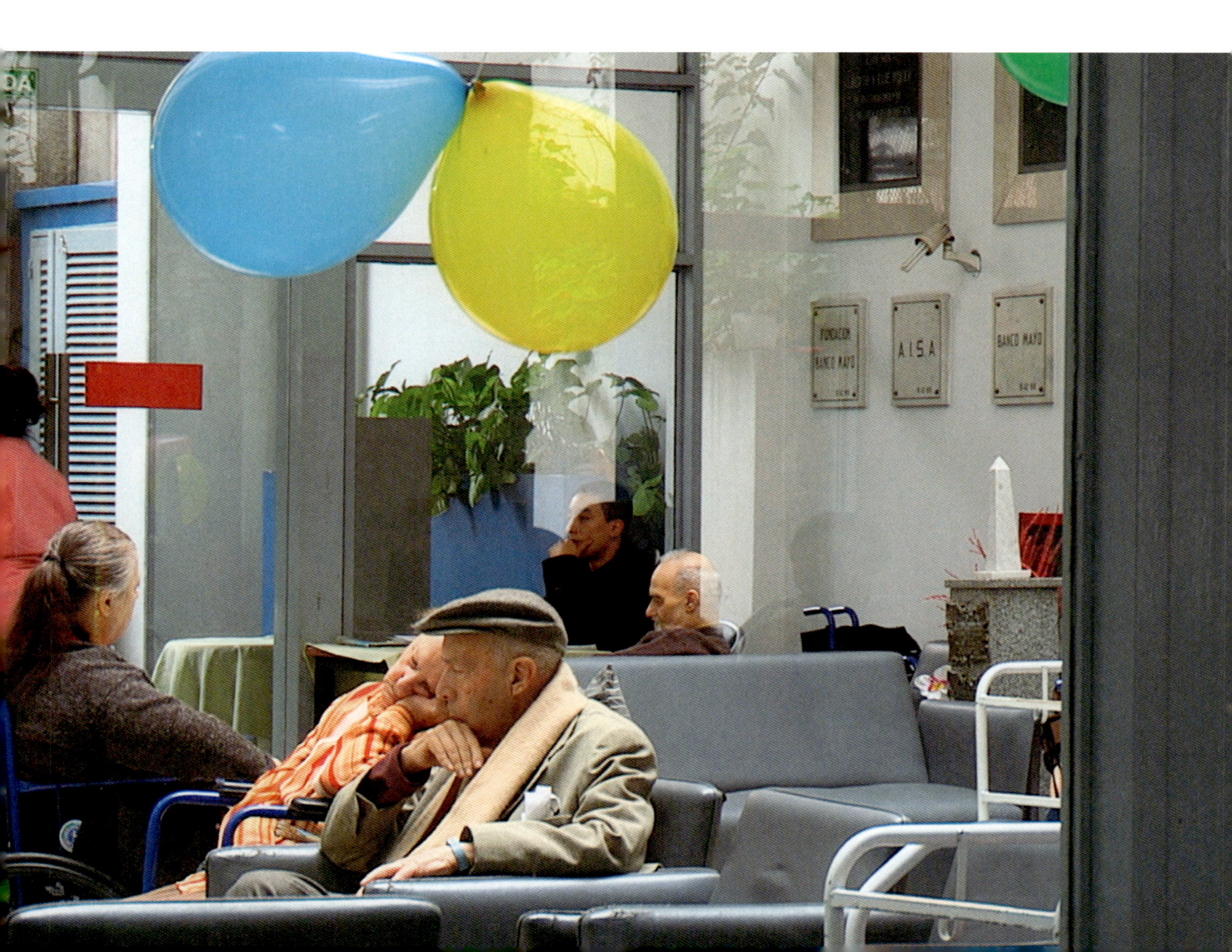
FUNDACION
BANCO MAYO
A.I.S.A
BANCO MAYO

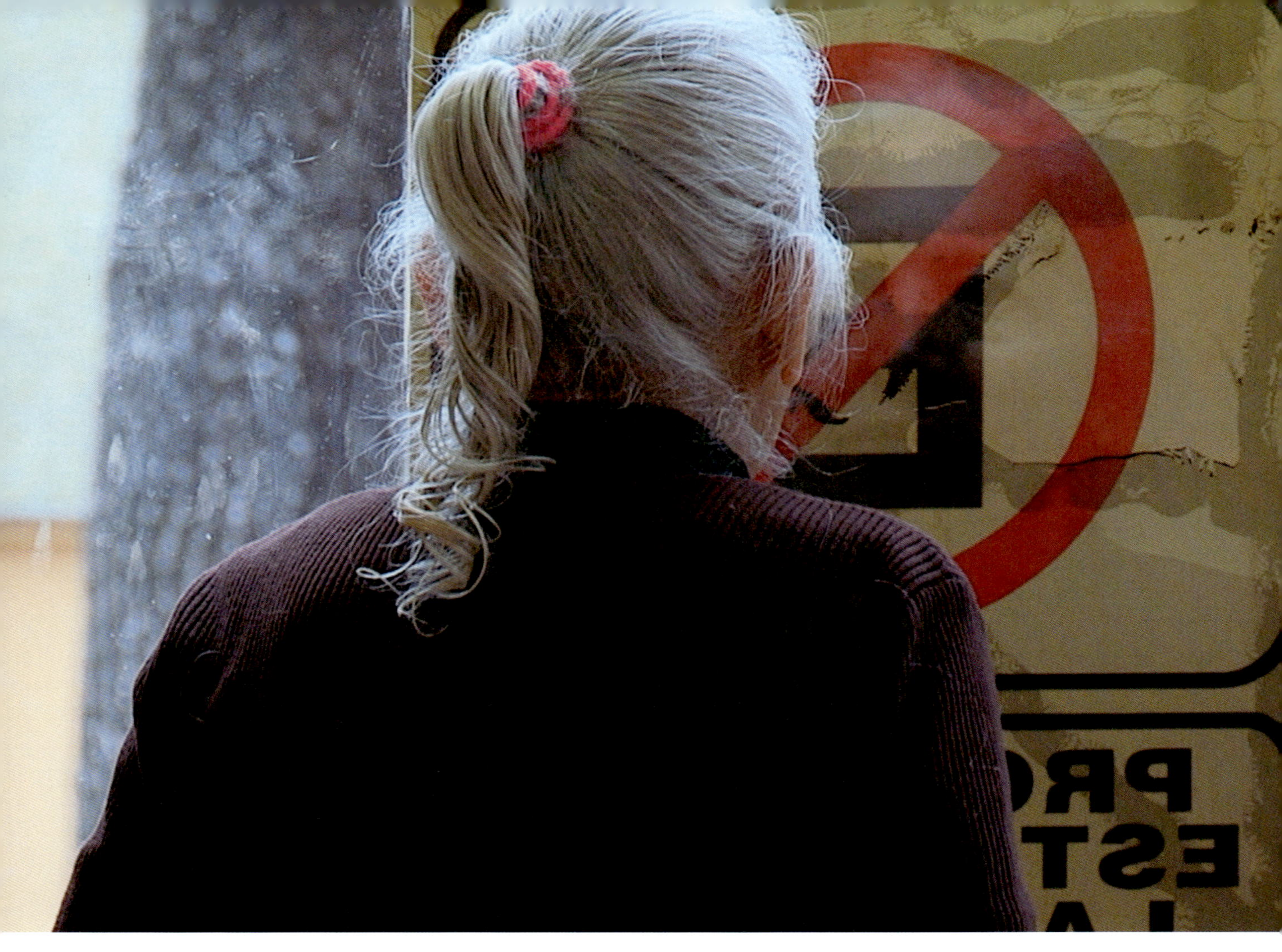
PRO
EST
LA

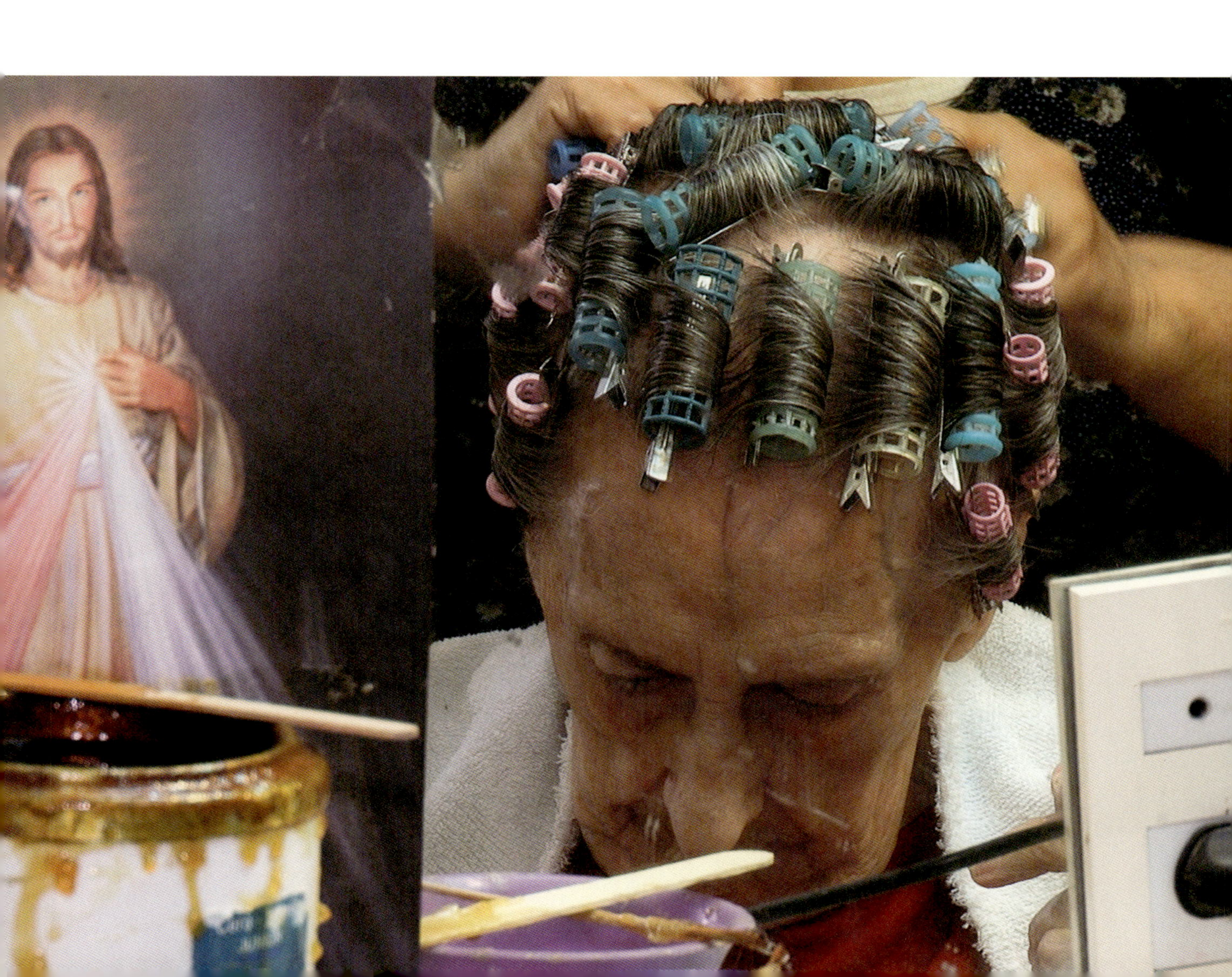

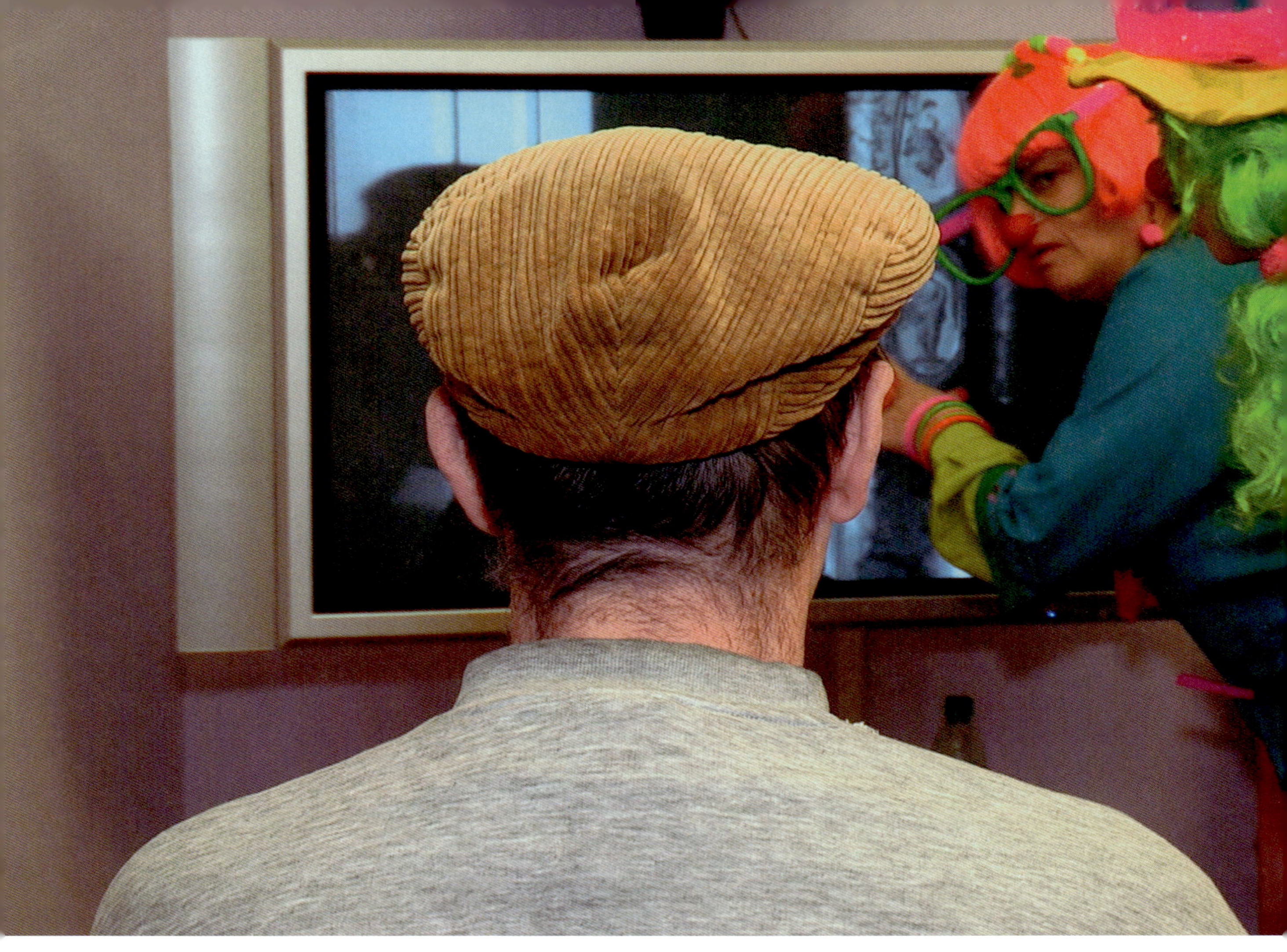

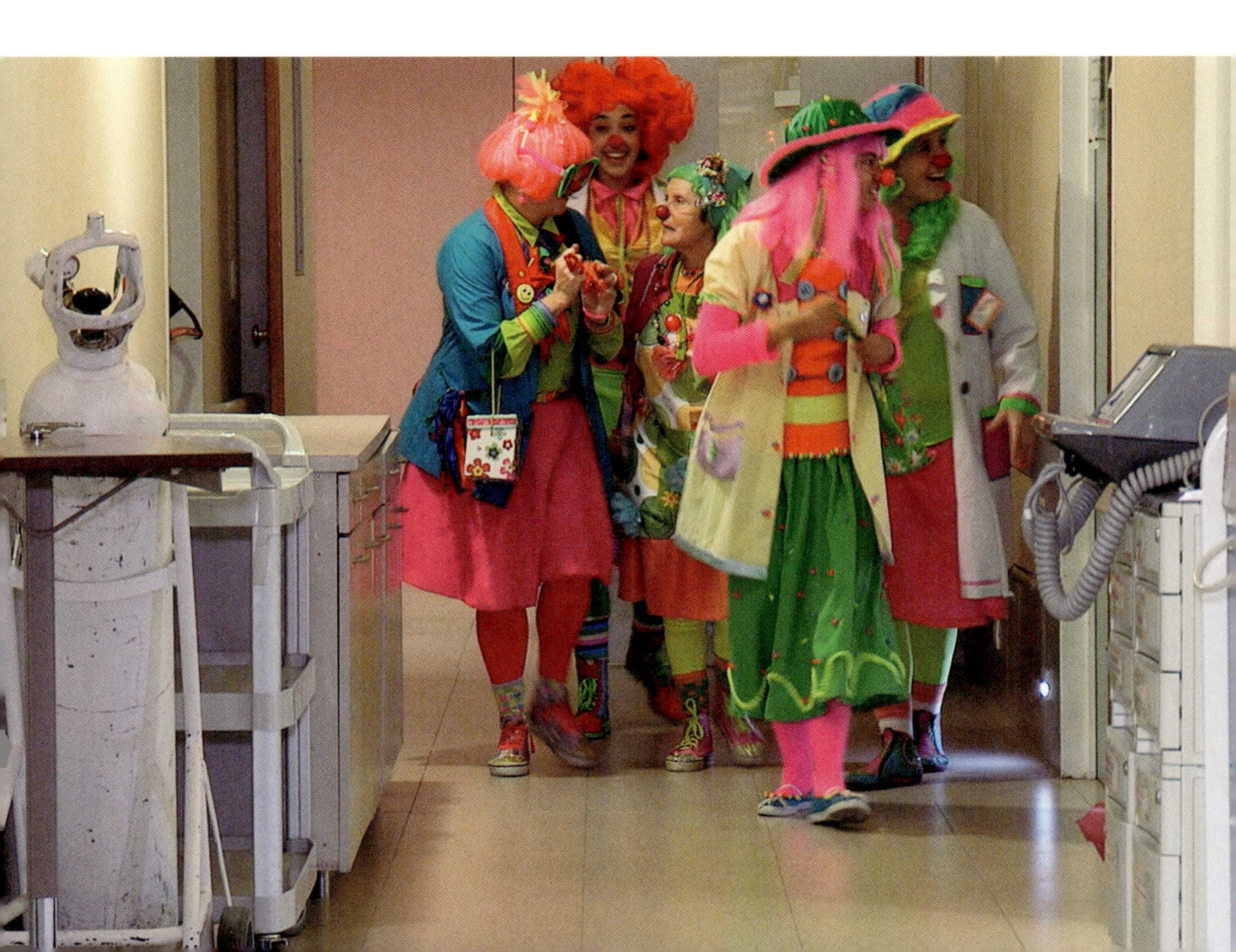

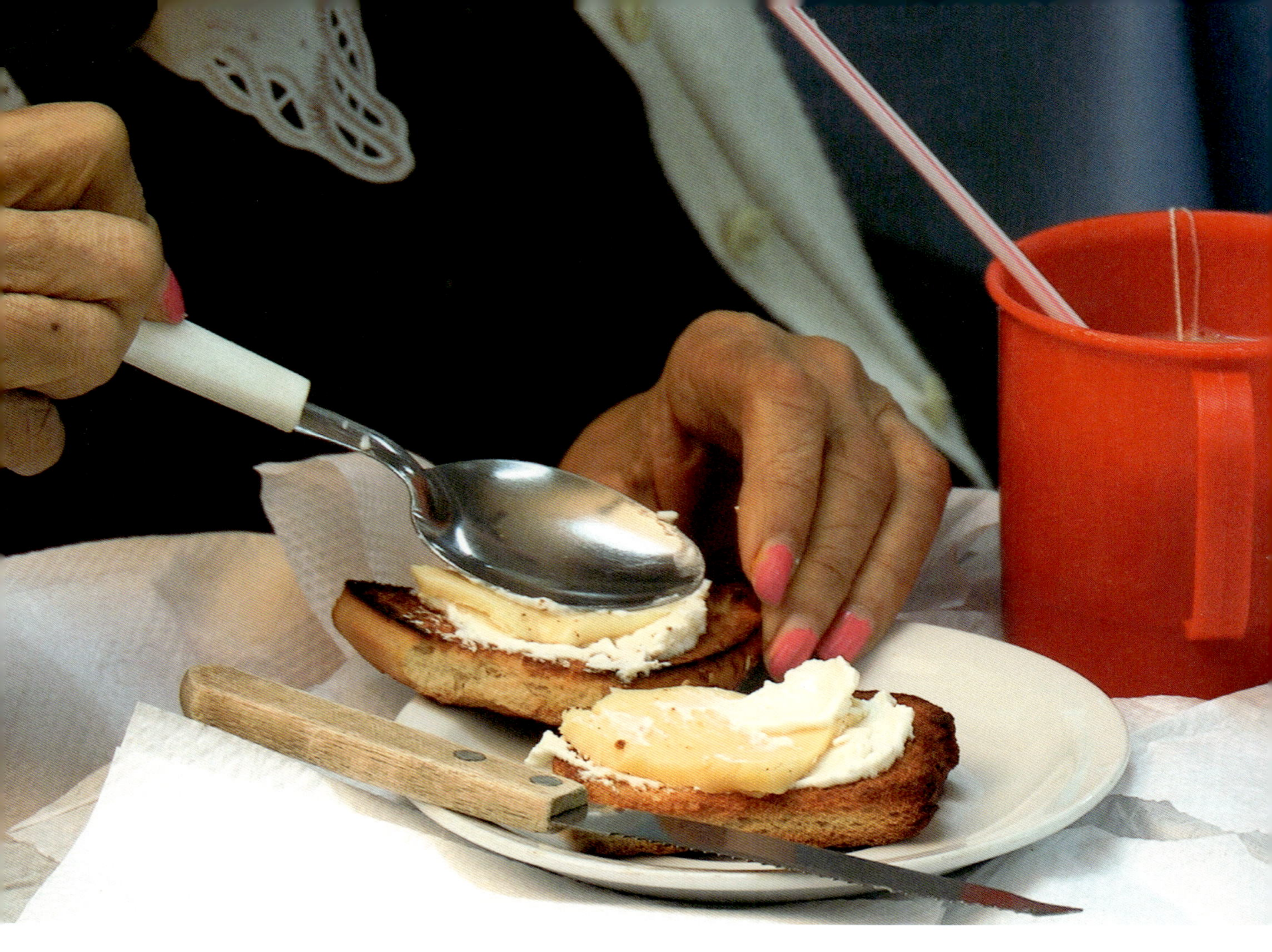

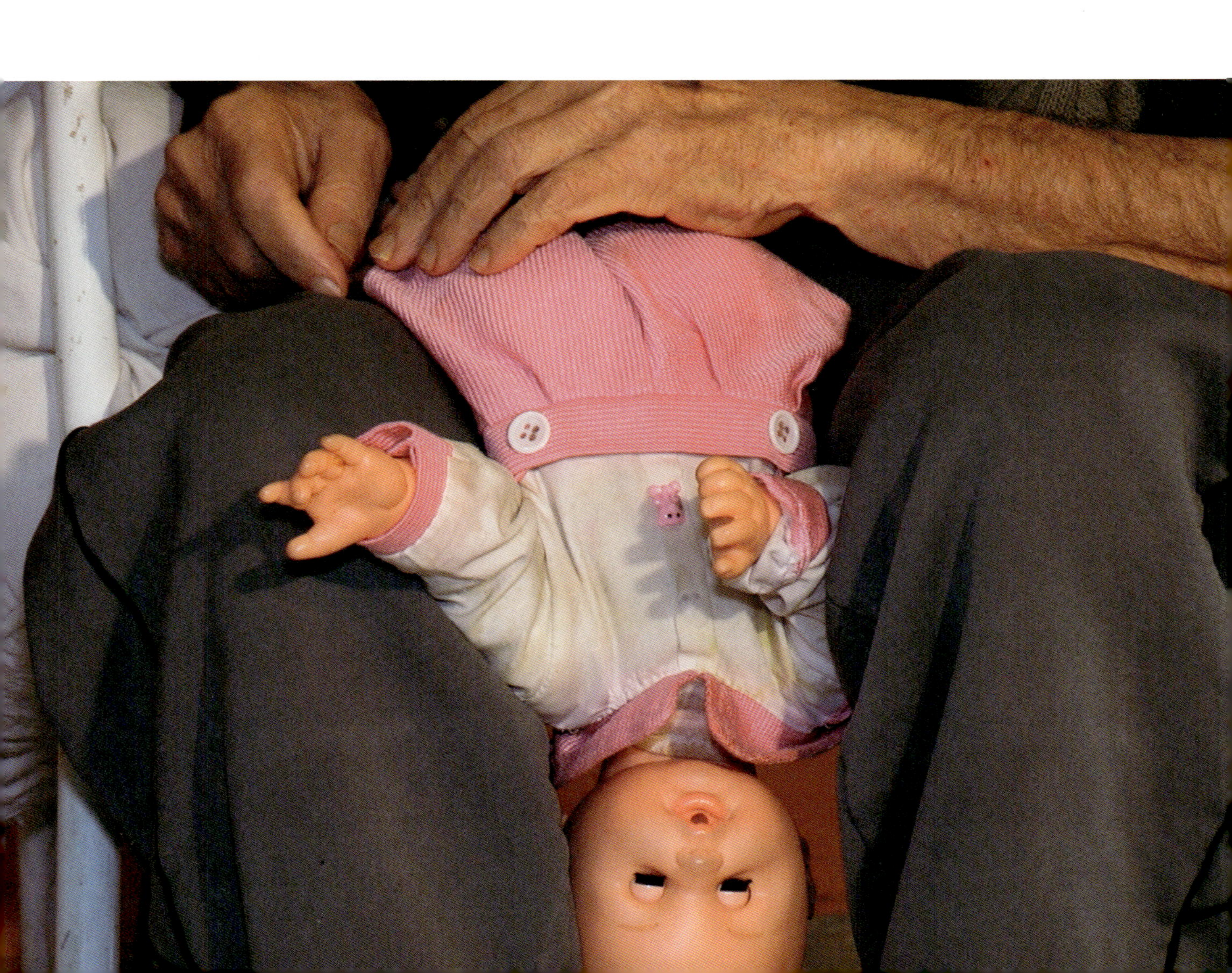

Erik Levine
Interview mit Hugh Davies

Erik Levine
Interview with Hugh Davies

HD   Wann wurde dir zum ersten Mal klar, dass du Künstler werden würdest?

EL   Na ja, als Teenager, von 15 bis 20, studierte ich Tanz in Los Angeles. Während der High School trainierte ich jeden Morgen von 6.30 bis 9.30 Uhr. Anschließend besuchte ich den Unterricht, und danach trainierte ich wieder. Ich tanzte sieben Stunden pro Tag, sieben Tage die Woche. Es war absolute Hingabe.

HD   Moderner Tanz, Ballett?

EL   Klassisches Ballett. Zuvor hatte ich Tennistourniere gespielt, und Ballett lehrte mich Disziplin, und es war ein gutes Training. Ich habe das Ritual geliebt, die Routine, jeden Tag zu trainieren, jeden Tag etwas zu tun zu haben, und ich schaffte es, gute Noten zu haben, während ich mich dieser Sache widmete. Aber ich kam an einen Punkt, an dem mir klar wurde, dass das Leben eines Tänzers aufgrund der Beschaffenheit des Körpers sehr beschränkt ist.

HD   Kannst du das näher erläutern?

EL   Na ja, der Körper verfällt. Ich bin mit einer Tänzerin befreundet, die in ihren Vierzigern ist, und zu tanzen ist ziemlich hart, wenn du jenseits der Zwanziger oder Dreißiger bist. Nur wenige tun es, besonders beim Ballett. Ich habe für mich das Bild eines Sparkontos angewendet: Ich wollte, dass mein Leben ein Konto ist, in das ich regelmäßig einzahle und das durch das, was ich jeden Tag mache, wächst. Mit Tanz wäre mir das nicht möglich gewesen, weil es da eine Grenze gibt. Also wechselte ich vom Tanz zur Bildhauerei, denn ich hatte das Gefühl, dass es da eine vergleichbare Körperlichkeit gibt. Es gab bestimmte Elemente, die ich vom Tanzen übertragen konnte: die Disziplin, das Ritual, das Handwerkliche, und – wiederum – das Physische,

HD   When did you first know that you were going to be an artist?

EL   Well, I studied dance as a teenager from when I was 15 to 20 years old in Los Angeles, California. During high school, I would dance from 6:30 in the morning until 9:30. I'd then go and attend my classes at high school and I'd go back and dance again in the afternoon. I was dancing seven hours a day seven days a week, so it was a total commitment.

HD   Modern dance, ballet?

EL   Classical ballet. I was playing tournament tennis before that and ballet gave me discipline and was good physical training. I loved the ritual and the routine of going every day, having something to do, and was able to maintain good grades in high school while doing that. It just got to a point where I realized that a dancer's life is really limited because of the nature of the body.

HD   Explain that.

EL   Well, the body breaks down. I have a dancer friend who's in her 40s, but it's hard to dance much past your 20s and 30s. It's rare, especially in ballet. The analogy I used was I wanted my life to be like a savings account that I was continually depositing into, where I felt like I was building on what I was doing every day. Dance wouldn't afford me that because I knew there was a limit. So I transitioned and segued over from dance into sculpture because of their shared physicality. There were certain elements of my dance that I was able to bring over, the discipline,

Körperliche an dem, was ich tat. Das war der Zeitpunkt meines Wechsels – in meinen frühen Zwanzigern, als ich damit begann, Skulpturen zu machen.

HD   Lass mich kurz zum Tennis zurückkehren. Die Teilnahme an Tennistournieren auf einem hohen Niveau ist eine sehr intensive körperliche Tätigkeit. Aber man improvisiert total, man erfindet und man kämpft gegen den anderen, während Tanz durchchoreografiert zu sein scheint, und man erfindet nichts; man versucht, sich zu disziplinieren. Kannst du darüber etwas sagen?

EL   Die Schwierigkeit beim Tennis war, dass ich den Sport zwar geliebt habe, aber nicht die richtige Einstellung dazu hatte. Ich war ein guter Athlet, aber ich habe mich kaputt gemacht, und das war es letzten Endes, was zu einer meiner ersten Videoarbeiten führte – *Grip*. Es wurde irgendwann selbstzerstörerisch und ungesund. Ich habe

Schläger zerbrochen und war wütend und deprimiert. Es war nicht der richtige Sport für mich. Einer der Gründe dafür, zum Tanz zu wechseln, bestand darin, dass es da keine solche Form des Wettbewerbs gab. Es gab niemanden auf der anderen Seite des Netzes, ich musste niemanden besiegen. Ich war hart zu mir, und es verlangt einem sehr viel ab, es ist in körperlicher Hinsicht das Härteste, was man tun kann, ich meine: klassisches Ballett, weil es komplett der Natur zuwiderläuft, aber es war besser für mich zu dieser Zeit. Es war wie ein Ventil und verschaffte mir körperliche Zufriedenheit, ohne dass ich mich selbst oder den anderen hätte fertig machen müssen.

HD   Also, klassisches Ballett während der High School bis in deine Zwanziger. Wo bist du zur Uni gegangen?

EL   Ich war zwei Jahre an der California State University Northridge. Ich bin in Los Angeles geboren und aufge-

the ritual, the work, again, the physical nature of what I was doing. That was where I made the transition—in my early 20s when I started making sculpture.

HD   Let me go back to the tennis for a minute. If you were playing competitive tennis at a high level, that's a very intense physical activity, but it's completely improvisational and you're inventing and you're competing, whereas dance would seem to be more strictly choreographed and you're not inventing; you're trying to discipline yourself. Can you talk a little bit about that?

EL   The difficult thing about tennis is I loved the sport, but I didn't have the head for it. I was a good athlete but I would beat myself up and that's ultimately what led me to make one of the pieces that I made early on—*Grip*. It became self-destructive and unhealthy.

I'd break rackets and get angry and down on myself. It was not the right sport for me. When I transitioned over into dancing, it was because of the lack of competition. I didn't have anybody on the other side of the net. I didn't have to beat anybody. I was hard on myself and it's very demanding, physically the most demanding thing there is to do, classical ballet, for the body because it completely runs counter to nature, but it suited me much better at the time. It gave me the physical outlet and the physical satisfaction, but without the competitive mindset of having to beat yourself or beat somebody else.

HD   So from classic ballet throughout high school and into your 20s. Where did you go to college?

EL   I went to California State University Northridge for two years. I was

wachsen. Dann ging ich zur UCLA[1] für ein Jahr. Sowohl in Northridge als auch an der UCLA studierte ich Skulptur.

HD   Gab es jemanden, der dich besonders beeinflusste während des Studiums?

EL   Nein, ich war die meiste Zeit ein etwas eigensinniger Student. Ich meine, wenn ich mich selbst als Studenten hätte, hätte ich möglicherweise ziemlich gemischte Gefühle. Ich war sehr selbstbestimmt und motiviert und hörte nicht weiter auf die Professorinnen und Professoren, was sowohl gut als auch schlecht ist. Ich mag keine Autorität, also studierte ich mit niemandem im Besonderen. Als ich ungefähr 21 war und drei Jobs hatte, merkte ich, ich wollte Künstler sein, und ich wollte noch weiter studieren. Das Bedürfnis war stärker als alle Bedenken, und ich stieg in mein Auto und fuhr nach New York. Damals war ich 22, und nun lebe ich seit 34 Jahren hier.

HD   Und die Art von Skulptur, die du anfangs gemacht hast, war außergewöhnlich schön, fein und elegant, was total Sinn macht, wenn man an das Ballett denkt. Ich verstehe nun, warum du dich mit Fragen von Balance und Ähnlichem befasst hast, aber kannst du ein wenig erzählen darüber, wie du angefangen hast, welches Material du benutzt hast und wie es sich entwickelt hat?

EL   Ich war früh stark beeinflusst von den Licht- und Raumkünstlerinnen und -künstlern Südkaliforniens, wo ich aufwuchs. Ich hatte wenig Ahnung von Materialien und experimentierte herum, und nach und nach machte die Eleganz und Perfektion einer bestimmten Rohheit und Nicht-Perfektion Platz. Es gibt da eine bestimmte Eleganz in den Arbeiten, aber auch etwas Rohes, Unvollendetes. Ich wollte immer, dass die Unterschiede sich aufwiegen und die Arbeit sich in einem Zwischenzustand befindet. Es ist etwas, es ist nichts, es

1   University of California, Los Angeles.

born and raised in Los Angeles. I then went to UCLA for about a year. I was studying sculpture at Northridge and at UCLA.

HD   Was there anybody in particular that you studied with who influenced you?

EL   No, I was mostly an autonomous student. I mean if I had myself as a student, I'd probably have very mixed feelings about it. In other words, I was very self-determined and motivated, which led me not to listen to the professors very much, which I think is both good and bad. I don't like authority, and so I didn't study with anyone in particular. After about age 21, I had three jobs but I figured I needed to be an artist, and I wanted to go to school. The needs outweighed the wants and so I got in my car and I drove to New York when I was 22, and I've been here 34 years.

HD   And the sculpture you were making initially was really beautiful, refined, elegant sculpture, which makes a lot of sense with the ballet. I now understand the balance and that kind of thing, but can you talk about the evolution from where you started out making, what materials and how it evolved?

EL   I was influenced early on by the light and space artists in Southern California because that's where I grew up. I didn't really know much about materials and I would just play around and gradually the elegance and cleanness gave way to things more rough-hewn and imperfect. There's a certain elegance in the work, but there's also a certain raw, unfinished nature and

bedeutet etwas, es bedeutet nichts, es ist vollendet, es ist nicht vollendet. Fast immer, was die Größe anbelangt, im Verhältnis zum Körper und in Bezug zu Dingen, die wir benutzen – Innenarchitektur mit Regalen und Schränken. Es war also ein Zusammenspiel dieser Dinge, und Sperrholz war einfach das Material, zu dem ich zu dieser Zeit in New York ohne Probleme Zugang hatte. Es war einfaches Baumaterial.

HD   Und du hast sehr dünnes Sperrholz verwendet, sodass du es zuschneiden konntest.

EL   Ja, sodass ich damit skulptural arbeiten konnte. Es war Furniersperrholz, das normalerweise auf eine Struktur aufgebracht wird. Viel von dem, was ich gemacht habe, war von der Tischlerei beeinflusst, mit der ich Geld verdiente. In meinen Augen sind die schönsten Gebäudeteile die unvollendeten, so wie Frank Gehrys Arbeiten aus den 1980ern. Hier haben wir wieder einen

südkalifornischen Einfluss sowie die Bedeutung von Zugänglichkeit. Viele Leute fühlen sich durch zeitgenössische Kunst eingeschüchtert. Für mich war die Zugänglichkeit meiner Arbeit immer wichtig. Ich machte Skulpturen mit einem Material, mit dem die Leute etwas verbinden konnten, und meine Videos beschäftigen sich mit Situationen aus dem Alltagsleben, die Leute sehen und erfahren und über die sie etwas lernen können. Es ist wichtig für mich, dass jeder von der Straße hereinkommen kann, ohne jede Erfahrung mit zeitgenössischer Kunst, sich mit dem, was er sieht, auseinandersetzen kann und mehr darüber erfahren möchte.

HD   Ich habe jede Menge Respekt und Bewunderung für den Umstand, dass deine Kunst zugänglich ist, denn für einen Großteil der zeitgenössischen Kunst brauchst du eine Anleitung und eine Einführung von hundert Worten, ansonsten hast du keine Ahnung, worum es sich handelt. Wann und wie

Interview

quality to it. I always wanted to counter the differences and have the work live somewhere in-between. It's something, it's nothing, it means something, it means nothing, it's finished, and it's unfinished. Almost always with some relationship to the body in scale, referencing things that we use, like interior architecture with shelving or cabinetry. So it was a combination of those things and plywood was just this immediately accessible material that I could get in New York at that time. It was a basic building material.

HD   And using a very thin plywood so that you could shape it.

EL   Yes, so that I could sculpt it. It was veneer plywood that was usually made over a structure. A lot of it was influenced by the carpentry I was doing to make money. For me, the most

beautiful part of buildings are the unfinished parts, like Frank Gehry's work back in the 1980s. So, again, a Southern California influence as well as an emphasis on accessibility. A lot of people are intimidated by contemporary art. For me, there's always been an emphasis on accessibility with my work. I was making sculpture out of materials that people could relate to and with my videos it's going into everyday real-life situations that people can see and experience. It's important to me that anybody can walk in off the street, with no experience in contemporary art and be engaged with what they're seeing and then want to learn more.

HD   I really respect and honor the fact that your art is accessible because with so much art these days, you need a playbook and if you don't have

fand der Übergang von der Skulptur zum Film statt?

EL   Das war so um 2000 herum. Ich habe zwischen 1992 und 1998 in Europa, in Paris und München, gelebt. Zuerst war ich nach Paris eingeladen worden, um dort für eine Weile zu leben und zu arbeiten, und dann lernte ich meine zukünftige erste Frau, eine Französin, kennen. In dieser Zeit hatte ich wohl die gleiche Fantasie, wie die meisten amerikanischen Künstler, die für eine Weile in Europa leben. Ihre Familie besaß ein Anwesen außerhalb von Paris, und ich fuhr jeden Tag da raus, was ungefähr eine Stunde dauerte. Es war, als würde ich auf dem Mond arbeiten. Es war einerseits großartig, andererseits eine Herausforderung. Ungefähr zur selben Zeit wurde ich von einem wichtigen deutschen Galeristen, Bernd Klüser in München, zu einer Ausstellung eingeladen, und um die Arbeiten nicht transportieren zu müssen, lud er mich ein, für ein paar Monate in München zu leben und zu arbeiten. In der Folgezeit lebte ich mal da, mal dort. Also gewöhnte ich mich daran, mein Werkzeug bei mir zu haben und Arbeiten an unterschiedlichen Orten herzustellen. Mitte der 1990er-Jahre kam dann ein Punkt, wo ich mich mit Zeichnungen beschäftigen wollte, und als Bildhauer wollte ich nicht einfach Zeichnungen von meinen Skulpturen machen, wie es viele Bildhauer tun. Ich wollte eine von der Skulptur unabhängige Sprache entwickeln, und damit beschäftigte ich mich die nächsten vier oder fünf Jahre. Es waren intensive, auch sehr zeitintensive Erfahrungen für mich, die viel mit Prozessen zu tun hatten und in die ich mich völlig versenkte.

Als ich 1998 in die USA zurückkehrte, begann ich wieder, Holzskulpturen zu machen, aber die Skulpturen waren nicht mehr dieselben. Davor waren sie raumfassend gewesen, aber das änderte sich durch die Linearität der Zeichnungen, die ich zu dieser Zeit produzierte. Ich kam mehr und mehr

a 100-word introduction, you haven't a clue as to what's going on. When did the transition from making sculpture to making video happen and how?

EL   That happened around 2000. I lived in Europe from 1992 to about 1998, in Paris and Munich. At first I was invited to Paris to live and work for a while and then I became involved with my future first wife who is French. It was a time where I had this fantasy, like any number of American artists who go live in Europe for a while. Her family had a property outside of Paris and so I would drive there every day, which took me about an hour. It was like working on the moon. It was great in one sense and very challenging on the other. Around this time I was also invited by a very prominent German dealer, Bernd Klüser in Munich, for an exhibition in Germany and rather than ship the work, he invited me to live and work in Munich for several months and then I would go back and forth for a while. So I was used to having traveling tools and would make work in these different places. There came a point in the mid-1990s where I wanted to start making drawings, and as a sculptor I didn't want to just make drawings of sculptures like many sculptors do. I wanted to develop an independent language, and so I did that for about four or five years. They were these very intense process-oriented, time-consuming, immersive experiences for me.

When I came back to the US in 1998, I started making wooden sculpture again, but the sculpture morphed. Prior to that, it had been more volumetric and changed as a result of the linearity of my drawings that I was making at the time. I started to take off on that tangent to make sculptures. I never

davon ab, Skulpturen zu machen. Ich stellte keine mehr fertig, und irgendwann erreichte ich den Punkt, dass ich ins Atelier ging und nicht mehr arbeiten konnte. Ich konnte es einfach nicht mehr machen. Weißt du, es war vielleicht wie eine Liebesaffäre, die irgendwann zu Ende geht. Meine Frau sagte: „Warum holst du dir nicht eine Videokamera und probierst aus, was du damit machen kannst?" und ich schaute sie an und dachte: eine Videokamera? Ich kenne mich aus mit Bohrern und anderem Werkzeug, aber was soll ich denn mit einer Videokamera? Also nahm ich eine Videokamera und ging in einen Park zu einem Baseball-Match der Unterliga und hörte sofort, wie die Väter ihre Kinder zusammenbrüllten. Ich weiß nicht, wie alt die Kinder waren, aber es tat sehr weh, denn es war genau das, was mein Vater immer getan hatte, und mein Vater war groß und grob. Ich meine, er gab mir eine Menge Dinge, für die ich ihm bis zum heutigen Tag dankbar

bin, aber ich wurde auch gedemütigt, und enge Freunde meinten, ich hätte manchmal wie ein geprügelter Welpe gewirkt. Am College war er Wrestler gewesen. Er war sehr groß und hat mich hin und wieder geschlagen, und das hat mit Sicherheit seelische Narben hinterlassen.

HD	Ein Klaps oder ein Schlag oder was?

EL	Er war sehr kräftig. Wie soll ich das erklären? Ich vermute, es war mehr seine Art, und nicht so sehr die blauen Flecken, eine Art von Präsenz, die sich psychologisch auswirkte.

HD	Eine Bedrohung.

EL	Eine Bedrohung. Ich meine, er kam sehr nah und legte seinen Arm um mich in einer wirklich unangenehmen, bedrohlichen Weise. Ich weiß noch, ich war 12 oder 13, und er war wirklich sehr groß, und die Ansage war klar.

Interview

really finished one and I'd just gotten to a point where when I walked into the studio, I just couldn't make sculpture anymore. I just couldn't make it. I just didn't have it inside of me anymore. You know, maybe it's like a love affair that dies. My partner said, well, why don't you just get a video camera and see what you can do and I looked at her, a video camera? Having worked with drills and hand tools, what am I going to do with a video camera? So I took a video camera and I went to a park and watched a little-league baseball game and I immediately heard fathers yelling at their sons. I don't know how old the children were, but it struck a deep chord because my dad used to do that with me, and my dad was big and abusive. I mean he gave me a lot of things, which I'm grateful for to this day, but I also got abused, it was remarked by close friends of mine that some-

times I looked like a beaten puppy. He had wrestled in college. He was a big guy and physically hit me sometimes, and that certainly left its psychological scars.

HD	Slapping or punching or?

EL	He was very forceful. How can I say this? I guess it was more the presence than the actual bruising, but the presence was psychological.

HD	The threat.

EL	The threat. I mean he would get very close and he would put his arm around me in a very threatening way. I remember being 12 and 13 and he was a big guy and the message was clear.

HD	Intimidating.

HD	Furchteinflößend.

EL	Außerordentlich, außerordentlich. Es war nicht so sehr der Fall, dass er mich geschlagen hätte, aber seine Präsenz und sein Verhalten waren ausreichend, um ernsthaften Schaden anzurichten. Und es waren diese Narben, die plötzlich wieder zu schmerzen begannen, als ich da rausging. Ich war 40, und es waren 30 Jahre vergangen, und ich hörte es und es überwältigte mich. Es war alles wieder da. Also dachte ich, okay, Künstler müssen ihr Leben in Kunst verwandeln. Es ist diese persönliche Erfahrung, aus der das Werk entstehen muss: Das habe ich erlebt. Also nahm ich die Kamera und begann, meine erste Arbeit zu machen. Sie handelte von Pop Warner Football, denn ich liebe Football. Ich mag die Gewalt daran. Es ist sehr kinematografisch. Ich rief verschiedene Mannschaften an und fing an, mit einem überwiegend afro-amerikanischen Team aus Brownsville, Brooklyn, zu arbeiten.

Von dort kommt auch Mike Tyson, eine ziemlich harte Gegend in der Stadt. Ich freundete mich mit dem Trainer an, und sie freuten sich darüber, dass ich sie begleitete. Das ist das Seltsame mit Videokameras: Die meisten Leute wollen die Aufmerksamkeit nicht, aber Simone Weil, eine bekannte französische Philosophin, sagte, dass Aufmerksamkeit die seltenste Form von Großzügigkeit sei. Eine Menge Leute wissen es wirklich zu schätzen, wenn du ihnen Aufmerksamkeit schenkst. Die Football-Arbeit war meine erste. Sie hat den Titel *More Man*.

HD	Erklär bitte den Titel.

EL	Ich mag den Titel, denn er stammt von einem der Trainer aus einem Gespräch mit seinem Team. Er sagt etwas wie: „Du musst *mehr Mann* sein als der nächste Mann.“ Was sollte das heißen, *mehr Mann* zu sein? Wie kann man *mehr Mann* sein? Zunächst: Was bedeutet es, ein Mann zu sein?

EL	Yes, extremely, extremely. It's not like he would punch me, but his presence and demeanor were enough to do some serious damage. So those scars really resonated with me when all of a sudden I went out there in 2000, I was 40, yeah, 30 years later and heard this. It just took me back. So I thought, well, you know, artists have to make work out of their lives. That's where the work has to come from, from their personal experiences. That's what I lived through. So I took a camera and I started making my first piece. It was of Pop Warner football because I love football. I do like the violence of it. It's very cinematic. I called different teams and I started following this mostly African-American team from Brownsville, Brooklyn. It's the place that Mike Tyson comes from, a pretty tough place in the inner city, and I really became very good friends with the coach, and

they were happy to have me follow them. That's the thing with video cameras, a lot of people don't want the attention, but there's a very well-known French philosopher by the name of Simone Weil, who said attention is the rarest form of generosity. A lot of people really appreciate the fact that you pay attention to them. The football piece was my first piece. It is called *More Man*.

HD	Explain the title.

EL	I love the title because it comes from something that one of the coaches says to his team. He says something like, "you have to be more man than the next man." It's kind of like what does *more man* mean? How can one be *more man*? First of all, what does it mean to be a man? Second, what does it mean to be *more man*?

Und zweitens: Was bedeutet es, *mehr Mann* zu sein?

HD   In *More Man* arbeitest du viel mit der Split-Screen-Technik. Kannst du etwas darüber erzählen?

EL   Es war meine erste Arbeit, und ich wusste nicht, wie ich sie skulptural aktivieren könnte. Ein Cutter, mit dem ich zu dieser Zeit arbeitete, und ich kamen dann auf diese Idee. Ich glaube, ich habe nur ein oder zwei Arbeiten auf diese Weise gemacht. Es ist eine frühe, rohe Arbeit, ziemlich anders als die Arbeiten, die ich heute mache. Es war eine Methode, die Leinwand zu aktivieren und die Figuren darauf zu bewegen, und es schien damals zum Thema zu passen.

HD   Dass du das als skulptural bezeichnest, ist wirklich interessant. Ich habe darüber nicht nachgedacht, bevor du es gesagt hast.

EL   Ich habe immer Skulpturen gemacht, und mich dabei mit dem Thema Balance auseinandergesetzt. Als Bildhauer beschäftigst du dich damit, wie du das Unbewegte aktivierst, denn was man herstellt als Bildhauer, ist per Definition unbewegt, es sei denn, die Skulpturen sind kinetisch. Eine Art damit umzugehen, war die Skulpturen auf eine Kante zu stellen und ein Gefühl des Ungleichgewichts hervorzurufen. Ich überlegte, wie man die Leinwand aktivieren und ihr eine Art von Körper geben könnte, so, als bewegte man sich innerhalb des Rahmens.

HD   Das Eröffnungsbild, das ich sehr mag, zeigt den schwarzen Coach mit den Spielern, die ihre Übungen machen und, als wären sie eine Welle, sich ihm nähern und zurückweichen. Dem Film wohnt enorme Schönheit inne, zugleich zeigt er auch furchterregendes, beängstigendes Macho-Verhalten, aber können wir ein wenig über die Schönheit reden?

Interview

HD   Looking at *More Man*, you do a number of things with splitting the screen. Can you talk a little bit about that technique?

EL   That was my first piece and I didn't know how to sculpturally activate it. With an editor at the time, we came up with that device. I think it's the only piece, or maybe just one other one, I made like that. It's an early raw work of mine, much different than the pieces I make today. So it was just a way to activate the screen and to get people moving around within it and it seemed to suit the subject matter.

HD   But you're saying it's sculptural is really interesting. I hadn't thought of that until you mentioned it.

EL   I've always made sculpture and a lot of it was about balance. As a sculptor, how do we activate the inanimate because most of the objects that sculptors make by definition are inanimate unless they're kinetic. So one way of doing that was to have it on edge and with a sense of imbalance. With the screen, I was trying to think of how to activate it, giving the screen a certain physicality so that you're moving around within the frame.

HD   Then that opening image, which I love, is of the black coach with the team doing their calisthenics sort of flowing by him like waves receding and then advancing. There's tremendous beauty in that film as well as kind of frightening, macho, intimidating behavior, but can we talk about the beauty?

EL   It's interesting because, on the one hand, if you separate the content of a car crash or a train wreck, let's say,

EL   Interessanterweise, wenn man den Inhalt eines Autounfalls oder Zugsunglücks ausblendet, dann haben solche Katastrophen schon eine gewisse Schönheit, von einem ästhetischen Standpunkt aus betrachtet. Es gibt da eine bestimmte Distanziertheit vermittels der ästhetischen Wahrnehmung, die ich bevorzuge, und ich fühle mich wirklich zu Hause in dieser Umgebung. Mit der Gewalt verhält es sich so: Wenn die Menschen das sehen, denken sie: „Oh, wie können sie nur so mit den Kindern und Jugendlichen reden?" Ich sehe es mir an und denke: „Tja, so ist es eben." Ich habe zum Beispiel während der letzten zwei Jahre ein SWAT-Team[2] gefilmt, und ich passe da vollkommen hinein. Viele Leute denken, sie seien Machos, die meisten mögen die Polizei nicht, aber ich war nie glücklicher. Es ist vielleicht so wie mit den Kakteen, die in der Wüste überleben, im feuchten Nordosten aber eingehen. Ich kenne das Umfeld, und die Art und Weise, in der die Männer in *More Man* mit den Jungs reden, das kenne ich einfach. Sie brüllen und schreien, und es ist gewalttätig, und ich mag es. Ich urteile nicht darüber. Viele Leute haben große Probleme damit, und ich möchte es auch gar nicht als akzeptablen Erziehungsstil entschuldigen. Ich möchte meinen Sohn nicht so erziehen, aber ich glaube auch nicht, dass ich darüber urteilen sollte, wie andere Leute ihre Kinder erziehen. Es ist ihre Angelegenheit, nicht meine.

HD   Das sind alles ehrenamtliche Trainer.

EL   Ja, Trainer oder Väter; und gerade in diesen Gemeinden, wo es jede Menge Drogen, Tod und Gewalt innerhalb der Familien gibt, wirkt dieses Football-Team wirklich lebensrettend. Es ist eine harte Gegend, weißt du. Und das Team gibt ihnen Hoffnung, es gibt ihnen eine Daseinsberechtigung, es gibt ihnen Gemeinschaftsgefühl, es gibt ihnen Zusammenhalt, es gibt

2   Special Weapons And Tactics, eine Spezialeinheit der US-Polizei.

disasters are beautiful, I mean aesthetically. There is a certain aesthetic kind of remove that I like to take and I felt really at home in that environment. So the violence, it's like I know people would look at that and say, oh, how could they talk to children and teenagers like that? I look at that and I think, so what. For instance, I've been filming two SWAT teams for the past two years and I fit right in. A lot of people think they're macho, a lot of people don't like the police. I've never been happier. So, you know I think it's like a cactus in the northeast doesn't really survive. In the desert, they do fine. It's just the environment that I knew and so with *More Man*, I was very familiar with the way that those men spoke to the boys. They'll yell and scream and there's a violence to it and I like it. I don't pass judgment on it. A lot of people have serious problems with it and I don't want to condone it as parenting. I can't parent my son like that, but nor do I feel I should be judging others on how they parent their children. It's their business not mine.

HD   These are all volunteer coaches.

EL   Yeah, coaches or fathers and especially in that community where there's drugs, death, and family violence this football team is a lifesaver for them. That's the inner city. I mean it gives them hope, it gives them a reason, it gives them camaraderie, it gives them teamwork, it gives them all these things that they can hold on to and dream about. I knew kids who were parentless, who were orphans, who were living in foster homes that weren't doing well at school who then were given a reason to believe in themselves and not turn to the things that make that neighborhood so dangerous.

ihnen all die Dinge, an denen sie sich festhalten und von denen sie träumen können. Ich kannte Kinder, die ohne Eltern, als Waisen in Heimen aufwuchsen und schlecht waren in der Schule, die dann Gründe fanden, an sich selbst zu glauben und sich nicht den Dingen zuzuwenden, die ihre Viertel so gefährlich machen.

HD   In diesem und in den meisten der anderen Filme zeigst du nicht das wirkliche Ereignis. Du zeigst all das, was um die zentrale Handlung herum passiert, aber du verweigerst dem Publikum die Befriedigung, den Hahnenkampf oder das Football-Spiel zu sehen.

EL   Ich versuche bewusst, die Wahrheit herauszubekommen, die sich im Material, in den Orten, den Handlungen und Tätigkeiten verbirgt. Ich weiß nicht, ob es mir wirklich darum geht, Erwartungen zu durchkreuzen, oder ob es nicht vielmehr um das Bedürfnis geht, andere Wahrheiten zu finden, wo auch immer ich gerade bin. Als Künstler versuchst du, deine eigene Stimme zu finden, und zwar ein Leben lang. Es ist eine andauernde Suche, sowohl was dich als auch was dein Werk anbelangt. Ich vermeide deshalb bewusst die Wiedergabe der Handlung und versuche, andere Wahrheiten zu finden, wenn man so sagen kann. Es gibt so viele Dinge, die gleichzeitig passieren, und es geht darum zu entscheiden, worauf man sich konzentrieren will. Ich könnte vielleicht eine Arbeit über ein Museum machen, ohne auch nur einmal etwas über eine Ausstellung zu sagen. Ich denke, das könnte wirklich interessant sein. Oder über eine Universität, ohne auch nur einmal eine Aufnahme in einem Seminarraum zu machen. Ich finde einfach die Dinge, die eine Sache umgeben, sehr viel interessanter als die Sache selbst.

HD   Ich finde das sehr überzeugend, denn, sofern man die Arbeit als

Interview

HD   In that film and in a lot of your films you never show the actual event. You show all the culture surrounding the core activity, but you deny the audience the release of seeing the cock fight or seeing the football game.

EL   I consciously try to suss out and find truths within the material, locations, actions, and activities. So I don't know if it's so much about wanting to thwart expectations, as it is the desire to find other truths wherever I go. As an artist, you're trying to find your own voice and you're constantly doing that your whole life. It's the continual search, both for you and for the work. I consciously do try to omit the activity where I am as a way to try to find different truths, if you will. There are many things that happen simultaneously and it's just what you choose to focus on. I could probably do a piece, for example, about a museum environment without showing a single thing about an exhibition. I think it'd be really interesting. It's the same thing about a university; without ever taking a camera into a classroom. I just find the surrounding material more compelling than the expectations of the thing itself.

HD   I find it very compelling because you're denied the conclusion if you think about the piece as a narrative. You're getting all these snippets of what's going on and the viewer has to put it together.

EL   I want to present information, yet I don't feel like in my work I have a dominant point of view. Hopefully there's poetry and an emotional or intellectual arc for the viewer. I have a beginning, middle, and an end. What they are sometimes is up to the viewer,

Erzählung auffasst, bekommt man das Ende verweigert. Die Betrachtenden erhalten all die Schnipsel von dem, was passiert, und müssen sie selbst zusammensetzen.

EL   Ich möchte gerne Informationen bereitstellen, zugleich aber habe ich nicht das Gefühl, dass ich in meiner Arbeit einen durchgängigen Standpunkt einnehme. Sie hat, so hoffe ich, eine gewisse Poesie und es gibt einen emotionalen beziehungsweise intellektuellen Bogen, der sich für die Betrachtenden spannt. Ich habe einen Anfang, eine Mitte und ein Ende, aber es hängt von den Betrachtenden ab, was sie wie auffassen, jedenfalls gibt es einen emotionalen Bogen, der erlebt werden kann. Die Schlussfolgerung, die man daraus ziehen mag, ist die, dass ich nicht zu großen Einfluss ausüben will. Ich überlasse es den Betrachtenden, die Teile des Puzzles selbst zusammenzusetzen.

HD   Bei *More Man* gibt es diese ruhigen Momente, in denen man nur in die Augen dieser Jungs blickt, Augenblicke, in denen sie nicht angegriffen, nicht fertig gemacht werden. Du setzt am Anfang deiner Filme Sound, um eine bestimmte Gefühlslage zu erzeugen, und wenn dann endlich ein Bild kommt, ist es fast eine Erleichterung, denn es ist meist, was man erwartet hat. Du schaffst eine kinematografische Spannung mit all diesen visuellen Evidenzen, aber Klang oder Sound scheinen sehr wichtig zu sein in deinen Filmen.

EL   Ich habe einen großartigen Sound-Designer, Bradford Reed, mit dem ich nun schon fünf oder sechs Jahre zusammenarbeite. Er lebt als Musiker in New York. Mit jemandem zusammenzuarbeiten, ist eine Herausforderung, und er ist selbst Künstler; insofern ist das in hohem Maß ein Geben und Nehmen, ein Hin und Her, aber so ist meine Arbeit unvergleichlich besser,

but it is an emotional arc. It is an experiential arc for me, but the conclusions one may draw from that I don't want to overly influence. I let the viewer put the pieces of the puzzle together.

HD   In terms of *More Man*, there are times when you have these quiet moments when you're just looking at the boys' eyes, which seems like relief from the onslaught of the shouting and the berating. You also use sound to introduce your films and create a mood so that when you finally show an image, it's almost a relief because it's what you expected to see, but you've been denied. You create a cinematic tension with all these pieces of evidence, but sound seems very important in your films.

EL   I have an amazing sound designer, Bradford Reed, with whom I've worked on five or six pieces at this point. He's a musician in New York. Working with somebody is challenging and he's another artist so there's a lot of give and take and pushing each other back and forth, but my work is so much better thanks to him. And it's the same with my editor, Michael Lantz. People underestimate audio in general. As a visual artist, over the years I've developed this sensitivity to sound and what it is able to create and elicit within the moving image as an art form. So a lot of times at the beginning of my pieces, there is a meditative, contemplative, atmospheric, evocative introduction and I guess I don't really have a conscious answer for that other than a lot of my decisions are intuitive. I live with them for a while and these videos take years to make so if I do something and it stays with me and it stays with me and it stays with me, I keep it.

als sie es ohne ihn wäre. Und das trifft auch auf meinen Cutter, Michael Lantz, zu.
Die Leute unterschätzen Klang im Allgemeinen. Ich habe über die Jahre eine gewisse Sensibilität dafür entwickelt, was Sound in einem Film bewirken und hervorrufen kann. Viele meiner Filme beginnen mit einer meditativen, kontemplativen, atmosphärischen und evokativen Einführung, und dafür habe ich, denke ich, keine andere Erklärung als die, dass ich meine Entscheidungen meist intuitiv treffe. Ich verbringe viel Zeit mit diesen Videos, meistens dauert es Jahre, bis sie fertig sind; und wenn ich etwas mache, und das immer wieder beibehalte – dann bleibe ich schließlich dabei. Es ist ein bisschen, als würde ich der Arbeit meinen Willen aufzwingen, und die Arbeit zwingt mir den ihrigen auf. Was Sound angeht, ist es, das muss ich sagen, nicht wirklich eine bewusste Entscheidung. Es geht eher darum, den Leuten die Zeit zu geben, um sich von dem zu entfernen, wo sie gerade sind, und in die Welt jeder einzelnen Arbeit einzutauchen.
Bei Videos können die Leute zu jedem beliebigen Zeitpunkt einsteigen. Ich forme die Arbeiten vom Anfang über die Mitte bis zum Ende, und wenn ich die Arbeit eines Künstlers sehe, versuche ich, ihr einen Vertrauensvorschuss zu geben und sie von Anfang an anzusehen, oder aber zumindest lange genug, um die Absicht dahinter zu verstehen. Ich möchte den Betrachtenden gerne ermöglichen, sich auf das, was ich tue, einzulassen. Es gibt da diese Klanglandschaften. Manchmal habe ich einen Text und einen Dialog, aber eher selten. All mein Material ist dokumentarisches Material, denn es gibt kein Drehbuch, und alles ist live aufgenommen. Aber der Sound kann die Bild- von der Tonebene trennen, sodass diese Ebenen sich manchmal ergänzen, manchmal aber einander widersprechen. Die Tonebene entfernt dich noch einmal ein wenig mehr von der Realität der Bilder, die du siehst.

Interview

It's kind of like I impose my will on the work and the work imposes its will on me. With sound, I have to say, it's not really a conscious decision. It's more that I like to allow people time to separate themselves from where they are and enter into the world of each piece. With video art people can walk in the middle of the piece, they can walk in at any time. I really sculpt things from beginning to middle to end and when I see an artist's work I try to give them the benefit of the doubt too and I try to watch it from the beginning or enough to where I can see their intentions. So my intention is to allow the viewer to enter into what I'm doing. They are aural soundscapes. Sometimes I have text and dialogue, but rarely. All my material is documentary material because it's not scripted and it's recorded live. But the sound is able to really remove the image from the audio and to separate them and have them sometimes work together, sometimes in opposition. The audio takes you further away from the reality of the images you're seeing. That's also why I use close-ups a lot—to remove and isolate specific imagery from its environment so that it can be read more universally or more broadly.

HD   Do you have a photography background prior to the video?

EL   No, I taught myself everything.

HD   We can talk about *Still Lifes*. What was the motivation behind *Still Lifes*? Is it autobiographical in some way?

EL   No. I ride my bike from Brooklyn, where I live, to my studio in Long Island City every day and I always pass by a retirement home. I think they've since

Das ist auch der Grund, warum ich so oft Nahaufnahmen heranziehe – um ein spezielles Bild so von der Umgebung zu isolieren, dass es einen allgemeineren und größeren Sinn erhält.

HD Bist du als Fotograf ausgebildet?

EL Nein, ich habe mir alles selbst beigebracht.

HD Lass uns über *Still Lifes* reden. Was war die Motivation dabei? Gibt es einen autobiografischen Hintergrund?

EL Nein. Ich fahre jeden Tag mit dem Fahrrad von Brooklyn, wo ich wohne, zu meinem Studio in Long Island City. Früher gab es da ein Altersheim, an dem ich immer vorbeikam. Da saßen die Leute morgens draußen, und wenn ich abends zurückkam, saßen sie immer noch da. Das rief ein eigenartiges Gefühl von Zeit hervor, der Ruhe und des Verstreichens von Zeit. Meinen Arbeiten wohnt eine Dringlichkeit inne, und es gibt diese Szenarien von Leben und Tod. Ich glaube, dass es für mich als Künstler wichtig ist, Themen zu behandeln, die bedeutsam und essenziell sind. Bei den oberflächlichen Sachen tu ich mir schwer.

Dieser Film handelt letztendlich von der Zeit. Zum Beispiel gibt es diese Frau, die isst. Der Abschnitt, der zeigt, wie sie isst, dauert drei Minuten. Ich glaube, ich habe sie aber über mehr als eine Stunde hinweg gefilmt. Unter all den Erfahrungen, die ich bislang machen durfte – und ich mache das nun seit mehr als 15 Jahren – ragt diese als eine der bemerkenswertesten, intensivsten emotionalen Erfahrungen heraus, die ich jemals hatte. Ich stand eine Stunde vor ihrem Tisch, und es war einfach Poesie in Zeitlupe.

Wie zeigen wir das Verstreichen der Zeit? Wie zeigen wir Leben und Tod? Ich zeige beides in der Hahnenkampf-Arbeit und in der Arbeit über das Schlachthaus. Zurzeit arbeite ich,

had to destroy it, but there would be people just sitting outside both in the morning and coming back at night, and so it was really just this sense of time. It was the sense of stillness and passage of time. There's urgency to my work and there are these life-and-death scenarios. I guess for me to be an artist, I need to address topics that are weighty and substantive. I don't do light very well.

Ultimately, the piece really became about time. For example, the woman who eats in the film: there's a three-minute section of her eating. I think I stood and filmed her for around an hour. Of all the experiences I've had and I've done this now for more than 15 years, it certainly stands out as one of the most remarkable, human, intense, emotional experiences I've ever had. I was literally in front of her table for an hour and it was just slow motion poetry.

How do we show the passing of time? How do we show life and death? I show it either in cock fighting or in the slaughterhouse piece with animals. I'm currently working on a SWAT piece. You're not going to see anybody die, but the implication is there. With all of the political problems with the police and the contentious subject matter, there is this urgency, this meaning. So with *Still Lifes*, my initial thought was just these people sitting. With my ideas I get a kernel of something and if it sticks in my head and stays in my head, and stays in my head, and stays in my head, then I know I have to do something about it. It's almost like nausea. It's like I feel like my work is nausea. If I feel sick enough for long enough, then I feel I have to like vomit something out. I mean I hate to put it that way, but that's really the way it is. I feel there's a necessity; otherwise, I wouldn't do it.

wie gesagt, an einem Film über ein SWAT-Team. Man wird nicht sehen, wie jemand stirbt, aber es ist natürlich implizit da. Diese politischen Probleme im Zusammenhang mit Polizei und umstrittenen Themen haben eine gewisse Dringlichkeit. Am Anfang ging es bei *Still Lifes* nur um Menschen, die herumsitzen. So eine Idee stellt einen Kern dar, und wenn er bleibt und bleibt und bleibt, weiß ich, dass ich mich damit beschäftigen muss. Es ist ein bisschen wie eine Übelkeit; meine Arbeit ist ein bisschen wie eine Krankheit. Wenn ich mich lang genug krank genug fühle, dann habe ich das Gefühl, dass ich etwas auskotzen muss. Ich meine, ich sage es nicht gerne auf diese Weise, aber es ist so. Es gibt in jeder Arbeit das Gefühl der Notwendigkeit; andernfalls würde ich es nicht machen.

HD   Sag ein wenig etwas über die praktischen Seiten der Herstellung eines Films.

EL   Wie ein Location-Scout habe ich für *Still Lifes* eine ganze Reihe von Altersheimen besucht. Ich war mir der Problematik des Alterns durchaus bewusst. Ich musste der Brutalität dieses Themas etwas entgegensetzen. Ich hätte eine Arbeit über den Tod machen können, nach der du dich einfach nur umbringen willst, aber ich habe es nicht getan. Ich wollte die Poesie zeigen, die Würde, den Schmerz und die Menschlichkeit. Einige von uns verlieren im Alter ihre kognitiven Fähigkeiten, mag sein, dass das brutal ist; ich nenne es einfach nur das wirkliche Leben. Schau aus dem Fenster, das Leben ist brutal. Ich ging also in diese Altersheime – in Buenos Aires, von wo meine Partnerin stammt, denn es ist schwer, für derartige Aufnahmen in den USA eine Genehmigung zu erhalten – und redete und erklärte, was ich machen wollte; ich hatte einen Assistenten, der mir half, wenn wir Leute trafen oder nach einem Ort suchten. Um ganz ehrlich zu sein, hatte die Auswahl der Orte

Interview

HD   So talk a little bit about how you practically go about realizing the film.

EL   With *Still Lifes*, I went to a variety of homes. It's like location scouting. I also knew the potential issues of the subject matter of aging. I'd have to counteract the brutality of it somehow because, again, I like to stay somewhere in the middle. I could make a piece about death where you walk out after seeing it and want to kill yourself, but that's not what I did. I wanted to show the poetry, the dignity, and the humanity. Some of us, unfortunately, lose our cognitive powers as we age, and you may want to call it brutal, but I call it real life. Look out the window; life is brutal. So I would go into these places—they were in Buenos Aires, because my partner is from there and it's very difficult to get permission to film this kind of subject matter in the US—and we would talk and we'd explain what we were doing. I had an assistant there when we were meeting people and looking for locations. A lot of it, quite frankly, has to do with light because if I go into a dark room, I'm not going to get anything. A lot depends on the physical layout, the nature of the people there, the environment. Like the scene in the salon, that was the only thing I used from that facility, the rest of that retirement home wasn't very interesting. Actually, it was a British home, but it was just the salon that was interesting. There were different parts that I was able to get from different places and I edited them all together. When I went into the slaughterhouse for *cold storage*, I saw these guys were wearing white uniforms. It was unbelievable. I couldn't ask for better uniforms, because if they're dressed normally or if they're dressed in black or

viel mit Licht zu tun, denn wenn es zu dunkel ist, macht es keinen Sinn. Eine ganze Menge hängt von der physischen Beschaffenheit eines Ortes ab, von den Leuten, von der Umgebung. Es gibt da eine Szene in einem Salon. Das war die einzige, die ich verwendet habe; der Rest des Altersheims war nicht sehr interessant. Es war übrigens ein britisches Altersheim. In unterschiedlichen Heimen gab es unterschiedliche Szenen, die ich dann zusammengeschnitten habe.

Als ich für *cold storage* in das Schlachthaus ging, sah ich, dass diese Typen weiße Arbeitsanzüge trugen. Es war unglaublich. Besser hätten diese Arbeitsanzüge gar nicht sein können. Wären sie normal oder in Schwarz oder in Jeans gekleidet gewesen, dann hätte es diesen Kontrast nicht gegeben zu dem, was sie tun. Dank der Kleidung, des Ortes, des Lichts und der Atmosphäre war es mir möglich, das Alltägliche, in dem sie sich jeden Tag bewegen, in ein Kunstwerk zu verwandeln.

HD Es ist ein bisschen eine gewagte Verbindung, die ich da herstelle, aber die Frauen im Salon erinnern ein wenig an die Kampfhähne, das Zupfen der Augenbrauen an das Rasieren der Hähne. Als ich *Still Lifes* das erste Mal sah, fand ich es zunächst deprimierend, aber dann fühlte es sich beruhigend und angenehm an, dass man ruhig dasitzen und seine Hände so lange anstarren kann, wie man will. Ich meine, es ist etwas, das in Ordnung ist. Das ist nun eine fast technische Frage: Wie viel Prozent von dem, was du aufnimmst, verwendest du tatsächlich für den Film, und wie suchst du das Material aus?

EL Ich glaube, für *Still Lifes* hatte ich mehr als 100 Stunden Material. Ich schaue es mir wieder und wieder an, denn jedes Mal, wenn ich das Material durchsehe, gibt es Dinge, die in neuem Licht erscheinen, und jede Arbeit besitzt ihre jeweiligen Herausforderungen. *Still Lifes* war definitiv

if they're wearing jeans, they wouldn't rise above what they were doing. They'd stay in the everyday element that we're in every day, but by virtue of the uniform, by virtue of location, by virtue of light and color and a lot of the atmosphere, I'm able to transform the subject and setting into works of art.

HD It's a wacky connection, but the fighting cocks are so much like the women in the salon. That treatment of their eyebrows: and then shaving the chickens. What I took away from *Still Lifes* is at first it's depressing to think of being in that state and then it becomes reassuring and comfortable that you know you can sit quietly and you can just stare at your hand for as long as you want to. I mean it's something that's okay. This is almost a technical question, but in making a film like *Still Lifes*, what is the ratio of what you shoot and what you end up using and how do you go about editing?

EL I think for *Still Lifes* I had at least 100 hours of footage. So I'll just go through it over and over and over and over and over again because as I'm editing it, new things present themselves and each work has its unique challenges. *Still Lifes* was definitely a challenge and so is the SWAT piece that I'm working on now. I'll go through the material, I'll take the clips that I like and my editor and I will start putting them together. It takes me weeks to look through them. The current SWAT project I'm working on has over 5,000 clips. It takes me weeks or months to get through 5,000 clips. We'll put together a draft of something and then I'll look through the clips again and I'll see things by virtue of what we're starting to pull together that at the first pass didn't seem

eine Herausforderung, ebenso wie die SWAT-Arbeit, an der ich im Moment arbeite. Ich gehe durch das Material, ich nehme die Teile, die ich mag, und wir fügen sie zusammen. Die SWAT-Arbeit, mit der ich mich zurzeit beschäftige, hat über 5000 Einzelclips. Ich brauche Wochen, wenn nicht Monate, um 5000 Clips anzusehen! Mein Cutter und ich produzieren eine Rohversion, und dann schaue ich mir die Clips erneut an, und manches, was beim ersten Durchgang uninteressant erschien, sehe ich nun im Licht dessen, was wir gemacht haben, anders, und dieser Vorgang wiederholt sich wieder und wieder. Am Ende bin ich völlig ausgelaugt. Es ist vergleichbar mit einem Radiergummi, der auf einer Wand alles ausradiert, und wenn der Radiergummi aufgebraucht ist, ist die Arbeit fertig. Wir stellen also etwas zusammen, ich füge eine Tonspur hinzu, dann schaue ich es mir wieder an, immer und immer wieder, denn jedes Mal sehe ich neue Details. Aufgrund der Zeit, die ich mit der Arbeit verbringe, verändert sich diese und formt sich zu etwas, das ich dann erneut anschaue, denn es gibt dann spezifische Dinge, die man herausarbeiten und entwickeln kann. Manchmal musst du die besten Szenen herausnehmen, damit alles zusammenpasst. Ich meine, du hasst es, diese eine Sache zu verlieren, aber …

HD   … töte deine Lieblinge.

EL   Genau.

HD   Fast am Ende von *Still Lifes* gibt es die Einstellung eines leeren Zimmers, und für mich wirkte das, als wäre die Person gestorben. Aber dann sind wir mit einer wunderbaren Pendelbewegung zurück in der Halle mit den Leuten. Da ist diese Frau, und es ist fast wie mit den Football-Spielern, die am Coach vorbeirennen; sie läuft in der Halle hin und her, als hätte sie vergessen, was sie hatte tun wollen und wohin sie gehen wollte, und ich finde das ein

Interview

interesting, but now may fit into what we're doing and that process repeats itself over and over again. At the end I'm exhausted. The analogy I use is that it's like an eraser and you have an eraser erasing on a wall and you keep erasing and when there's no eraser left the piece is done. So, we'll put something together then we'll bring in some audio and then I'll go back to look at the clips again, over and over. I'm constantly revisiting the material over and over and over again because I'm seeing different things in it. By virtue of the amount of time I've spent on it, the piece is starting to form itself and starting to become something. Then because of what it's becoming I may look for more specific things that may flesh it out and develop it. Sometimes you have to take out the best thing so that everything else fits together better. I mean you hate losing that one thing, but …

HD   Kill your darlings.

EL   Exactly.

HD   With *Still Lifes*, near the end there is a shot of an empty room and for me that was as if the person had passed, but then you're back in the hallway with people, with that wonderful oscillation. It's almost like the football players running by the coach when she goes up and down the hall seemingly forgetting what she's doing and where she's going yet again, it's a very comforting image. It's not depressing, and then she's playing with a spoon in her hand as she taps the handrail with it …

EL   So did you like that part? The end, for me, was about the absence.

HD   Yes, there was a relief in that.

sehr beruhigendes Bild. Es ist nicht deprimierend. Sie hält einen Löffel in der Hand, mit dem sie herumspielt und auf den Handlauf klopft ...

EL   Du magst diesen Teil? Das Ende handelte für mich von Abwesenheit.

HD   Für mich war da eine Erlösung, eine Befreiung.

EL   Die Befreiung besteht in der Abwesenheit. Die Abwesenheit und der Zyklus, dass jemand anderes das Bett und das Zimmer bewohnen wird. Das Zimmer wird ein Behältnis, zu einer Metapher für die lebende, atmende Person. Es ist ein Gefäß.

HD   Als würden wir unsere Behältnisse verlassen.

EL   Genau.

HD   *cold storage* war für mich hingegen eine sehr religiöse Arbeit. Die Kleidung, die Werkzeuge, das Reinigen; es ist fast wie eine Kommunion oder ein Sakrament.

EL   Das Säubern, das Ritual.

HD   Das Ritual – kannst du darüber ein wenig reden?

EL   Es ist die einzige Arbeit auf meiner Website, die ich nicht beschreibe; denn wenn die Leute etwas vom Schlachthaus lesen, sehen sie sich die Arbeit nicht an, verstehst du, was ich meine? Es geht wieder um die Balance, wie man mit einem schwierigen Thema umgeht und die Schönheit daran herausarbeitet; die entscheidenden Augenblicke, die Spannung. Ein befreundeter Galerist meinte, es wäre wie ein mit Spannung aufgeladenes Gedicht. Es gibt das Ritual, die Sauberkeit, das Wasser überall. Ich weiß nicht, wie viele Liter Wasser sie brauchen, aber es ist eine unglaubliche Menge. All diese Dinge kommen erst durch die Arbeit

EL   The relief is the absence. The absence and the cycle that somebody else will inhabit the bed and the room, and the room also becomes a vessel. It becomes a metaphor for the living, breathing person. It's a container.

HD   Like we vacate our containers.

EL   Exactly.

HD   But in the meat locker, the slaughterhouse, *cold storage*, was for me a very religious piece. The garments, the tools, the washing; it's almost like communion or a sacrament.

EL   The cleansing, the ritual.

HD   The ritual. Can you talk about that a little bit?

EL   It's the only piece on my website that I don't describe, because if people see slaughterhouse, they're not going to watch it, you know what I mean? So again, there's this push, pull of dealing with very difficult subject matter, and just teasing out the beauty. Teasing out the moments. Teasing out the suspense. A friend of mine, a dealer, said to me that it's like a suspense-filled poem. There is the ritual. There is the cleanliness. The water is ubiquitous. I don't know how many gallons they go through a day, but it's a phenomenal amount of water. It's all those things that just come through the work, the metaphors, the symbolism. It's not the event itself, but it's all this stuff around the event that, quite frankly, I discovered through the process of making it. I had no idea. Talk about an experience! Overall, it was a phenomenal experience walking through 400 pound cows

zum Vorschein, die Metaphern, die Symbole. Es ist nicht die Sache selbst, sondern es sind all die Dinge um die Sache herum, die ich, um ganz offen zu sein, erst dadurch entdecke, dass ich die Arbeit mache. Ich hatte ja keine Ahnung. Von wegen Erfahrung – das war eine außergewöhnliche Erfahrung, knietief in irgendwelchen Körperflüssigkeiten watend zwischen 400 Pfund schweren Kühen hindurchzulaufen, die von der Decke hängen. Es war berauschend. Es gibt kein besseres Wort dafür – berauschend. Ich meine, brutal, ja, aber eine Umgebung, in der ich einfach aufblühe. Es war unglaublich.

HD   Was zieht dich an diesen Extremen an?

EL   Ich denke, es ist wieder diese Dringlichkeit, die Dringlichkeit des Themas Leben und Tod.

HD   *cold storage* ist in vieler Hinsicht ein Porträt. Die letzte Einstellung, wenn der Kadaver hereinkommt, ist sehr stark, wie ein barockes Gemälde, wie ein Caravaggio: Die Figur mit dem Messer, die sich nicht bewegt, während sich die Kühe noch bewegen. Es ist ein sehr starkes Porträt, mit einem völlig überzeugenden und logischen Schluss.

EL   Oh, den Kadaver, den siehst du schon in der Mitte des Films, wenn sie die Haut abziehen.

HD   Aber es ist das erste Mal, dass du Blut zeigst.

EL   Du siehst Blut ein bisschen früher, wenn der eine Typ seine Hand wäscht.

HD   Aber du zeigst nicht das Ergebnis.

EL   Nein, die Arbeit zeigt die Hände und die Haut, und letztlich sind es nur Hinweise, visuelle Referenzen.

Interview

hanging from the ceiling, and being knee deep in bodily fluids. It was exhilarating. There's no other way to put it, exhilarating. I mean brutal, again, but an environment that I just thrived in. It was unbelievable.

HD   So what attracts you to these kinds of extremes?

EL   Again, I think it's the urgency, the life-and-death urgency of the subject matter.

HD   *cold storage* is very much a portrait. They're all portraits, but the concluding moment when the skin comes down the shoot is very strong and then that ending tableau is like a baroque painting. It's like Caravaggio, the figure with the knife who's not moving and then the cows are still moving. It's a very powerful portrait that has a very satisfying and logical conclusion.

EL   Oh, so you see the skin, the skin actually happens midway through the process, where they peel the skin off.

HD   Well, it's the first time you show blood.

EL   You do see it in an earlier scene with the guy rinsing his hands.

HD   But you don't show the product.

EL   No, the piece shows the hands and the skin and in the end those are the only references, the only visual clues that you get.

HD   But you do give us the image of the cows.

HD   Aber du zeigst die Kühe.

EL   Ja, ganz am Ende sieht man die Kühe. Du siehst nicht, wie sie geschlachtet werden, aber das hast du dir bis dahin schon ausmalen können. Der Typ steht einfach da. Ein fantastisches Bild, wie du ja sagst: wie ein Stillleben, ein Gemälde. Steht einfach da und schaut.

HD   Wir sollten über *cocker* reden. Ich fand die Idee von Hahnenkämpfen immer grotesk, geschmacklos und vollkommen daneben. Aber in deinem Film ist die Zärtlichkeit, mit der die Männer diese Tiere behandeln, wirklich berührend.

EL   Es war wieder der Versuch, mit Widersprüchen zurechtzukommen, und man könnte sagen, dass das ein Thema ist, das sich in meiner gesamten Arbeit findet. Einerseits ist es abstoßend, widerlich, grotesk; und man möchte verschont werden von Bildern geschlachteter Kühe, von Vätern, die ihre Söhne anbrüllen, und Leuten, die in Altersheimen sterben; und andererseits gibt es all die Schönheit, die in all diesen Dingen steckt. Es geht um das Paradox des Menschseins, den Konflikt und die Widersprüche. Es geht darum, inmitten dieser Widersprüche zu leben und zu arbeiten. Als Künstler versuche ich dauernd, diese Dinge in Balance zu halten, damit die Leute dem folgen können, was ich fühle und denke. Sie müssen selbst darüber entscheiden. Die Leute hören „Hahnenkampf" und denken: Wie ekelhaft! Sie wollen nichts hören und sehen von Hahnenkämpfen. Auf der anderen Seite gibt es, wie du sagst, die Art und Weise, wie diese Leute die Tiere lieben, sich um sie kümmern, sie füttern, über sie reden, wie die Tiere Teil der Familie sind – das ist alles Teil einer Kultur. Es ist interessant, dass es vor Kirchen in Puerto Rico, wo ich *cocker* gefilmt habe, Kampfarenen gibt, wo die Leute zusammenkommen. Diese Arenen sind ein wichtiger Teil

EL   At the very end, yes, you get the image of the cows. You don't see them being slaughtered, but you've built up to that. The guy just stood there. A fantastic image as you say: like a still life, a painting. Just standing there in his gaze.

HD   So we should talk about *cocker*. I've always found the idea of cockfights really grotesque and distasteful and unfortunate. But in your film the tenderness of the way these men treat these animals that are a part of their family is moving.

EL   Again it's this thing where I try to deal with contradiction and you could say that's a theme that runs through a lot of the work. On the one hand it's repugnant, repelling, grotesque, and don't show me a cow being killed or a father yelling at a son or a person dying in a retirement home, and on the other hand show me the beauty that's in all of those things. So it is the paradox of humanity, the conflict and the contradictions. It's just working and living within those contradictions and as an artist I'm constantly trying to balance those things out so that people are walking on that line. What do I feel? What do I think? And they have to decide for themselves. People hear cockfighting and they think, gross. They don't want to see anything to do with cockfighting and yet, like you say, the way they love them, the way they care for them, the way they feed them, the way they're a part of the family, the way they talk about them, the culture, and it became interesting too because before churches in Puerto Rico, where I filmed this, they had cockfighting rings and that's where everybody came together. So, cockpits played a large role

ihrer Kultur, man trifft sich dort, kommt zusammen, man trifft sogar Familien. Wiederum: paradox!

HD   Es ist also nicht nur eine Männerangelegenheit.

EL   Nein, es ist eine Familienangelegenheit.

HD   Lass uns über *Someone hears a shot.* reden, denn es scheint, angesichts des Themas, eine sehr persönliche Arbeit zu sein, die umso stärker wirkt, wenn man über das Verhältnis zu deinem Vater Bescheid weiß. Wann hast du entschieden, sie zu machen? Hast du das Material gefunden, und hat er auf der Safari das Material gefilmt?

EL   Ich wusste, wie mein Vater getötet worden war, und dieser Film stammte von einer Safari, die er 1971 unternommen hatte. Er wurde 1997 ermordet. Ich war zu dieser Zeit in Paris, und nachdem ich den Telefonanruf von meiner Schwester erhalten und das Flugzeug nach Los Angeles genommen hatte, befand ich mich auf dem längsten Flug meines Lebens. Was die Filme angeht: Ich fand sie etwa zehn Jahre später in der Wohnung meiner Mutter. Sie sagte, es gäbe da all die Filme, und ich sagte, ich würde sie gerne ansehen! Ich hatte keinen Projektor, also ließ ich sie digitalisieren. Es war damals der Beginn der digitalen Revolution von Video, und sie kamen zurück, und ich sah diese Jagdszenen, und plötzlich hatte ich die Idee. Ich wusste, dass er ermordet worden war, aber ich wusste nicht, was die Nachrichten darüber gebracht hatten. Ich musste es also herausfinden und rief ein paar TV-Sender an. Ich stand bereits in Kontakt mit den Polizeibeamten und begann, über eine Arbeit nachzudenken. Ich rief sie an, und sie gaben mir Interviews.

HD   War es Neugier? Dass dein Vater auf diese Weise umgekommen war,

Interview

in the formation of their culture, a gathering place, a social meeting place and you know you went to these places and there were families there. Again, paradox.

HD   So it isn't just an all-male thing.

EL   No it's a family thing.

HD   Let's talk about *Someone hears a shot.* because that seems, in its subject matter, extremely personal and now, knowing more about your relationship with your father, it's even more powerful. When did you decide to do that? Did you find the footage and had he shot that footage of the safari?

EL   I knew how my father was killed and that safari film was from a safari he took in 1971. He was murdered in 1997. I was in Paris at the time and when I received the call from my sister and had to return to Los Angeles, it was the longest plane ride I ever had to make. Regarding the film footage, I was in my mom's house one day, close to ten years after the killing and she said there were these films. I said, well, let me see them. I don't think I had a projector so I just sent them out to be digitized. It was kind of toward the beginning of the digital video revolution, and they came back and I saw these hunting scenes and the idea clicked. I knew that he had been murdered but I didn't know what video information there was of it on the news. So I also had to try to find it and called several different TV stations. I had already been in touch with the detectives and I started thinking about doing a piece with them. I called them and they sat down for these interviews.

muss ziemlich traumatisch gewesen sein.

EL   Ja, es war traumatisch. Aber hier war es wieder dieses Szenario von Leben und Tod, und da gab es diese Gegenüberstellung, dass er ein Jäger gewesen und nun gejagt worden war.

HD   Du hast die Gespräche mit dem Tonband aufgenommen?

EL   Ja, so ähnlich, wie wir das jetzt machen. Ich habe nicht gefilmt, sondern nur das Tonband benutzt.

HD   Du hast alle gemeinsam interviewt?

EL   Nein, getrennt voneinander. Sie waren sehr kooperativ, aber der Fall ist noch immer nicht gelöst. Ich wollte herausfinden, was passiert war, ich wollte sehen, ob ich es herausfinden konnte.

HD   Bis heute nicht?

EL   Der Fall ist immer noch ungelöst. Die Ironie – na ja, nicht wirklich Ironie – daran ist, dass es da einen Typ gab, mit dem ich aufgewachsen war. Er wohnte die Straße runter im San Fernando Valley und lebt nun in Manhattan Beach. Das Auto meines Vaters war vor seinem Haus geparkt, als er erschossen wurde, und die Polizei nimmt an, dass mein früherer Nachbar es entweder selbst getan hat – er war sein Geschäftspartner und sie hatten gerade ein Treffen gehabt – oder aber weiß, wer es war. Ich bin davon überzeugt, dass er weiß, wer es war. Wie auch immer – es stellt sich heraus, dass der Typ gleichzeitig mit zwei Frauen verheiratet war, die nichts voneinander wussten. Das ist illegal in Kalifornien. Eine der Frauen lebte in Manhattan Beach. In jedem Fall gab es die Art von Vertrautheit nicht, die er angeblich mit der Frau hatte, denn er war ja noch mit der anderen verheiratet. Der Mord wurde nie aufgeklärt. Es war manchmal extrem hart, während der Arbeit an dem Film

HD   Was it the curiosity? Having your father die that way is pretty traumatic.

EL   Yes it's traumatic and most of my work isn't that personal, but again it was a life-and-death scenario and this juxtaposition of the fact that he was a hunter and then he was hunted down is what interested me.

HD   You audiotaped the detectives.

EL   Yes, much like we're doing now in this interview. I didn't film them. I just audiotaped them.

HD   Together, at the same time?

EL   No, separately. They were very cooperative, but it's still unresolved. I wanted to figure out what was going on. I wanted to see if I could find out what was going on.

HD   To this day?

EL   To this day, it's unsolved and the irony of it, it's not really irony, but there is a guy that I grew up with down the street in the San Fernando Valley that now lives in Manhattan Beach. My father was parked in his own car in front of this guy's house when he was shot and they think that my former neighbor either did it—he was his business partner and they just had a meeting—or he knows who did it. I'm convinced that he knows who did it. At any rate, it turns out this guy has two wives simultaneously, one that lives in the Valley who doesn't know about the other one. His other wife lives in Manhattan Beach and that's illegal in California. So the supposed kind of confidence that he has with one wife, he doesn't really have since he is married to two women at the same time. The murder is still not

die Bilder meines Vaters zu sehen, wie er zusammengesackt über dem Lenkrad hängt.

HD   Deine Mutter hat im Valley gelebt?

EL   Ja, sie lebt da immer noch.

HD   Und er war in Manhattan Beach.

EL   Mein Vater lebte im Valley, aber in dieser Nacht hielt er sich in Manhattan Beach auf. Der Freund, der gerade ein paar Häuser weiter wohnte, als ich ein Kind war, war sein Geschäftspartner. Ich kenne ihn und seine Familie mein ganzes Leben lang. Ich habe übrigens mit ihm im Haus meiner Mutter ein Interview geführt, und es war sehr seltsam, denn im Hinterkopf hatte ich immer den Gedanken, dass er es gewesen sein könnte oder aber zumindest wusste, wer es getan hatte. Und ich war ja mit ihm aufgewachsen, er kannte mich seit meiner Kindheit. Aber er gab natürlich nichts zu, obwohl ich ihn so hart in die Mangel nahm, wie ich nur konnte.

HD   Sehr bizarr, den Typ zu interviewen, der möglicherweise weiß, was geschah.

EL   Sehr bizarr!

HD   Erzähl ein wenig von dem SWAT-Projekt, an dem du zurzeit arbeitest. Wie kam es dazu und inwiefern ähnelt oder unterscheidet es sich von früheren Arbeiten?

EL   Zurzeit schneide ich eine Arbeit, die ich an einer Feuerwehrschule drehte. Auch diese Arbeit handelt nicht primär von dem Ort, an dem sie gefilmt wurde, vielmehr geht es um Beschränkung und Eingeschlossensein und das Paradox der Simulation und des Trainings für Szenarien, in denen es um Leben und Tod geht. Ich hatte die Idee, etwas über Sicherheitskräfte

Interview

solved. There were some days working on the piece where looking at my father slumped over a steering wheel was extremely hard to get through.

HD   So was it your mother who lived in the Valley?

EL   My mom lives in the Valley, yeah she still does.

HD   And he was in Manhattan Beach.

EL   My father lived in the Valley, but he was in Manhattan Beach that night and this friend was his business partner who lived down the street from us when I was a kid. So I knew him and his family my whole life. I actually interviewed him and brought him to my mom's house where he agreed to be interviewed, and it was very weird because in the back of my mind, I'm thinking either he did it or he knows who did it and I grew up with him so he knew me since I was a child, but he didn't admit to anything, of course. I did try to press him as much as I could.

HD   Very odd to be interviewing the guy that probably knew what happened.

EL   Very.

HD   Talk a little bit about the SWAT project that you're working on now and how you got into it and what you're doing and how it is similar or different from previous work.

EL   Well, I'm currently editing a piece that I shot at a firefighting academy. Again, the piece will not focus on the subject where it was filmed. It's

zu machen, also begann ich nach der Feuerwehr-Arbeit mit der Arbeit an dem SWAT-Projekt.

HD   Hast du mit dem Filmen schon begonnen?

EL   Ja. Ich habe sechs Monate für die Genehmigung gebraucht. Meine Partnerin hat eine Bekannte, die als Kriminalbeamtin in Rochester gearbeitet hatte und die uns Namen von Leuten gab, die wir kontaktieren sollten. Also nahm ich Kontakt auf zum Chef der Polizei-Akademie, der der ehemalige Kommandeur des Rochester Police Departments gewesen war. Wir schrieben E-Mails, und es ging immer hin und her, bis er einwilligte, ein gemeinsames Mittagessen mit ihm und zwei SWAT-Kommandeuren zu organisieren, dem SWAT Commander der Stadt Rochester und dem SWAT Commander von Monroe County, auch da oben in Rochester. Wir trafen uns also zum Mittagessen und ich war sehr nervös, denn ich wollte die Arbeit unbedingt machen. Sie waren alle sehr freundlich, aber auch skeptisch gegenüber dem liberalen Professor aus New York, der eine Arbeit über die Polizei machen will. Irgendwie schaffte ich es, vielleicht mit Charme, offen gesagt aber wahrscheinlich nur durch Hartnäckigkeit, denn sehr viele E-Mails blieben unbeantwortet und Monate verstrichen, aber ich gab nicht auf. Schließlich erhielt ich Zugang zu der SWAT-Schule in Monroe County und ich fuhr für zwei Wochen da hoch. Und nach ungefähr einer Woche verlief alles völlig reibungslos. Sie wussten nicht, was sie zu erwarten hatten und was der Typ mit der Kamera tun würde, aber wir passten zusammen und verstanden uns wirklich sehr, sehr gut. Dann begann ich damit, das SWAT-Team des Rochester Police Departments zu filmen. Ich fuhr jeden Monat hoch, wenn sie trainierten, und konnte wieder eine persönliche Beziehung aufbauen. Ich trainierte mit ihnen, ich seilte mich vom fünften Stock eines

about confinement and containment, and the paradox of simulating and training for the very real threat of life-and-death scenarios. I had this idea to do something on first responders, so after filming the firefighting piece I began filming SWAT training.

HD   Have you started filming it?

EL   Yes. First it took me about six months to get permission. Through my partner we have a friend who used to be a detective in Rochester, and she gave me the names of some people to contact up there. Well, I contacted the head of the police academy who was the former commander of the Rochester Police Department. We'd email, we'd go back and forth and finally he agreed to put together a lunch with him and two SWAT commanders, the SWAT Commander for the City of Rochester and the SWAT Commander for Monroe County, also up in Rochester. So we had a big lunch and I was nervous because I really wanted to do the piece. They were all very nice. They're all very friendly, but were somewhat skeptical of the downstate, liberal professor that wants to do a piece on police. Through I guess charm or otherwise, and persistence quite frankly, because so many emails went unanswered and months went by, and I continued to be very persistent, they agreed. Finally I got access to Monroe County's SWAT school and I went up there for two weeks and after about the first week it was like hand in glove. We all fit together, and they didn't know what to expect from me either, and they didn't know what a guy with a camera was going to be like in their environment, but we all got along really, really well. Then I started filming the Rochester Police Department SWAT team and

Gebäudes ab und schwamm in einem Fluss voller Scheiße, machte 300 Liegestütze und Kniebeugen und all das machte mir richtig Spaß. Ich erwarb ihr Vertrauen und wurde in gewisser Hinsicht einer von ihnen. Zum Beispiel baten sie mich anfangs immer hinaus, wenn sie morgens ihre Teambesprechungen hatten. Nach einer Weile wurde ich zugelassen und nahm an den Besprechungen teil. Es war wirklich interessant und faszinierend. Diese Kameradschaft und Männerfreundschaft hatte ich bis dahin noch nie erlebt, da ich sonst meine Zeit meistens allein im Studio verbringe. Ich arbeite nun schon über zwei Jahre daran. Nächste Woche fahre ich wieder hoch, um zu filmen, wenn sie ein Scharfschützen-Training durchführen. Als ich im vergangenen Jahr dachte, es wäre mein letzter Tag, konnte ich mich nicht zurückhalten, ich fing einfach an zu weinen. Es war sehr hart für mich. Also gehe ich jetzt für ein paar Wochen zurück. Ohne Zweifel war ich noch bei keiner Arbeit, die ich jemals machte, so eng mit den Leuten verbunden, die ich filmte, und es war noch nie so befriedigend und beglückend. Darüber hinaus ist es offensichtlich ein wichtiges Thema. Ich habe keine Ahnung, was ich daraus machen werde, ich weiß nur, dass ich jede Menge Material habe.

HD   Hast Du schon einen Titel dafür?

EL   Es ist eine der wenigen Arbeiten, deren Titel ich schon weiß, bevor sie beendet sind. Die Arbeit wird *Kill Switch* heißen. *Kill Switch* ist ein Bereich im Gesicht in der Form eines Dreiecks, auf den sie zielen. Wenn sie diesen Bereich treffen, ist die Person sofort tot. Und ich dachte, *Kill Switch*, was für ein Titel! •

Interview

went up when they trained every month and again would build these personal relationships. I physically worked out with them. I rappelled down five stories of a building. I swam in a river of shit. I did 300 pushups and squats and all of the physical things that I enjoyed doing anyway. I earned their trust and became one of them in a way. At the beginning, for example, they would have their team meetings in the morning and would ask me to step outside while they had it. Then after that, I was like a member of the team and was allowed to sit in on them. It was really interesting and fascinating. It was camaraderie and a kind of male companionship that I've never experienced because I'm always in a studio alone. It's been about two years now that I've been filming. I'm going up again next week to film, they're conducting a sniper school. I mean when I thought it was going to be my last day last year I could barely contain or hide anything. I just started crying. It was very hard for me to end it. So, I'm going back for a couple of weeks. It's without a doubt the most personally involved I've been in any of my pieces with the people I've filmed, and the most rewarding. It's also, obviously, really compelling subject matter, very topical. I have no idea what I'm going to get out of it. I know I have a lot of footage.

HD   Do you have a title for it yet?

EL   Actually it's one of the only times where I've thought about a title before nearing the end of a piece. Usually they come from the process of making them. It might be called *Kill Switch*. Kill switch is a triangular area of the face that they aim for. When they hit it the bullet renders the person dead instantly and I just thought *Kill Switch*, what a title. •

coyoteNorth

coyoteNorth, 2013,
Ein-Kanal-Video (HD), Farbe,
Stereo-Ton, 16' 5" /
Single-channel HD video,
color, stereo sound, 16' 5"

coyoteNorth „spielt" in der
sandigen, rauen Umgebung
einer Pferderennbahn.
Erzählt wird das Schicksal von
Immigranten mit Fokus auf
Trennung, Andersartigkeit,
Vertreibung und Entfremdung.

coyoteNorth uses the gritty,
textured landscape and
atmosphere of the backside
of a racetrack as a prism to
look at separation, otherness,
displacement, and alienation.

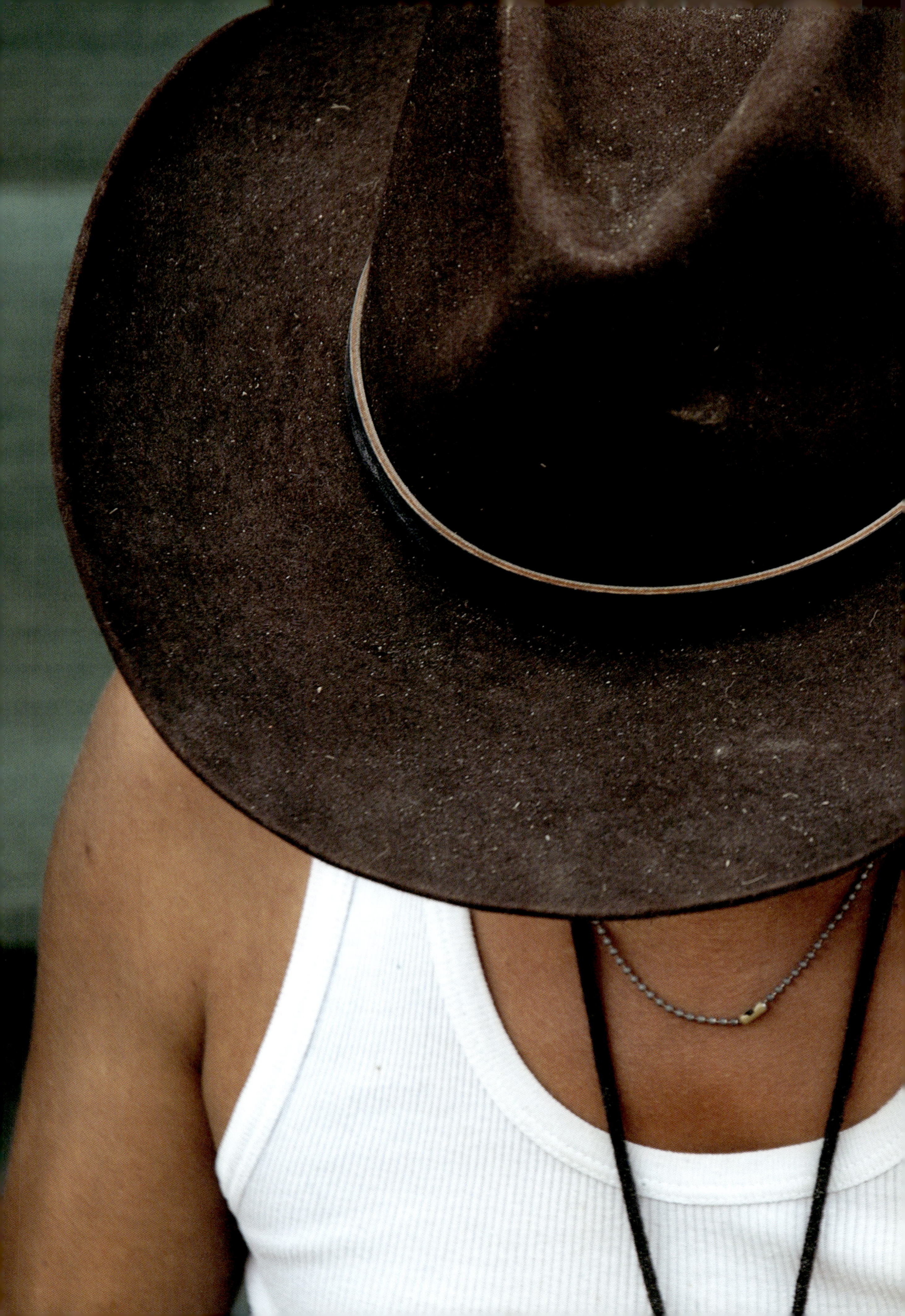

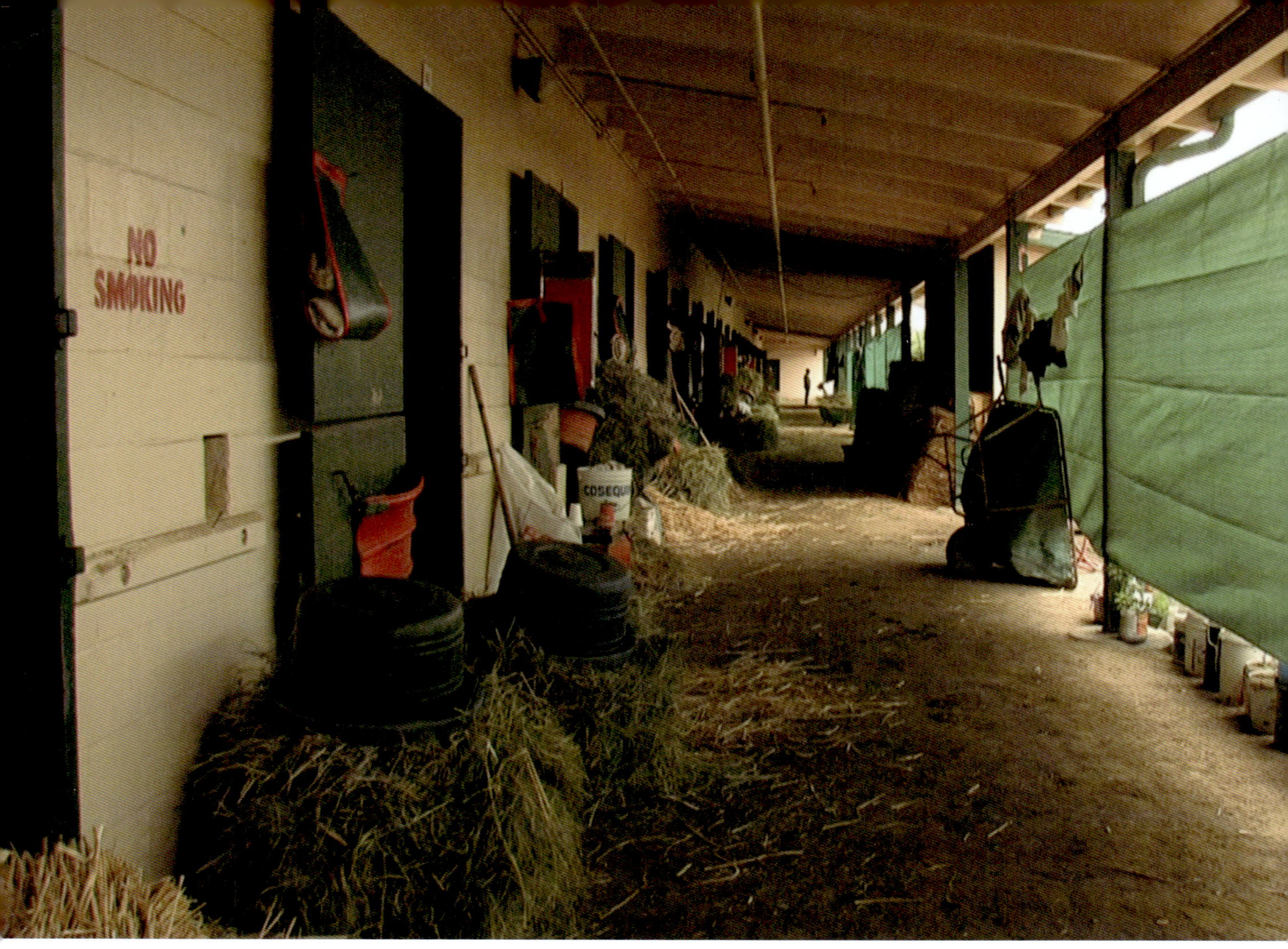
NO
SMOKING
COSEQU

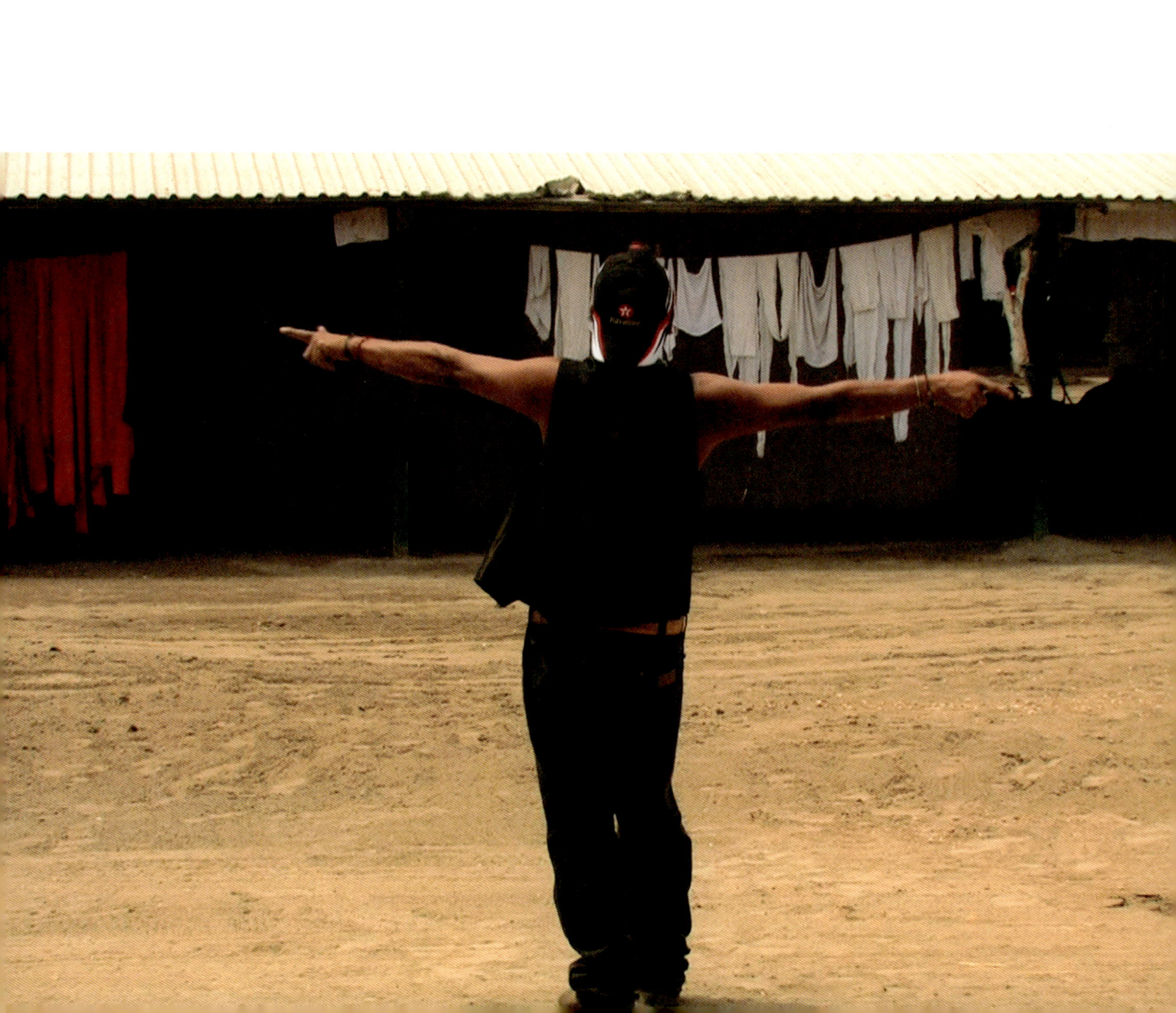

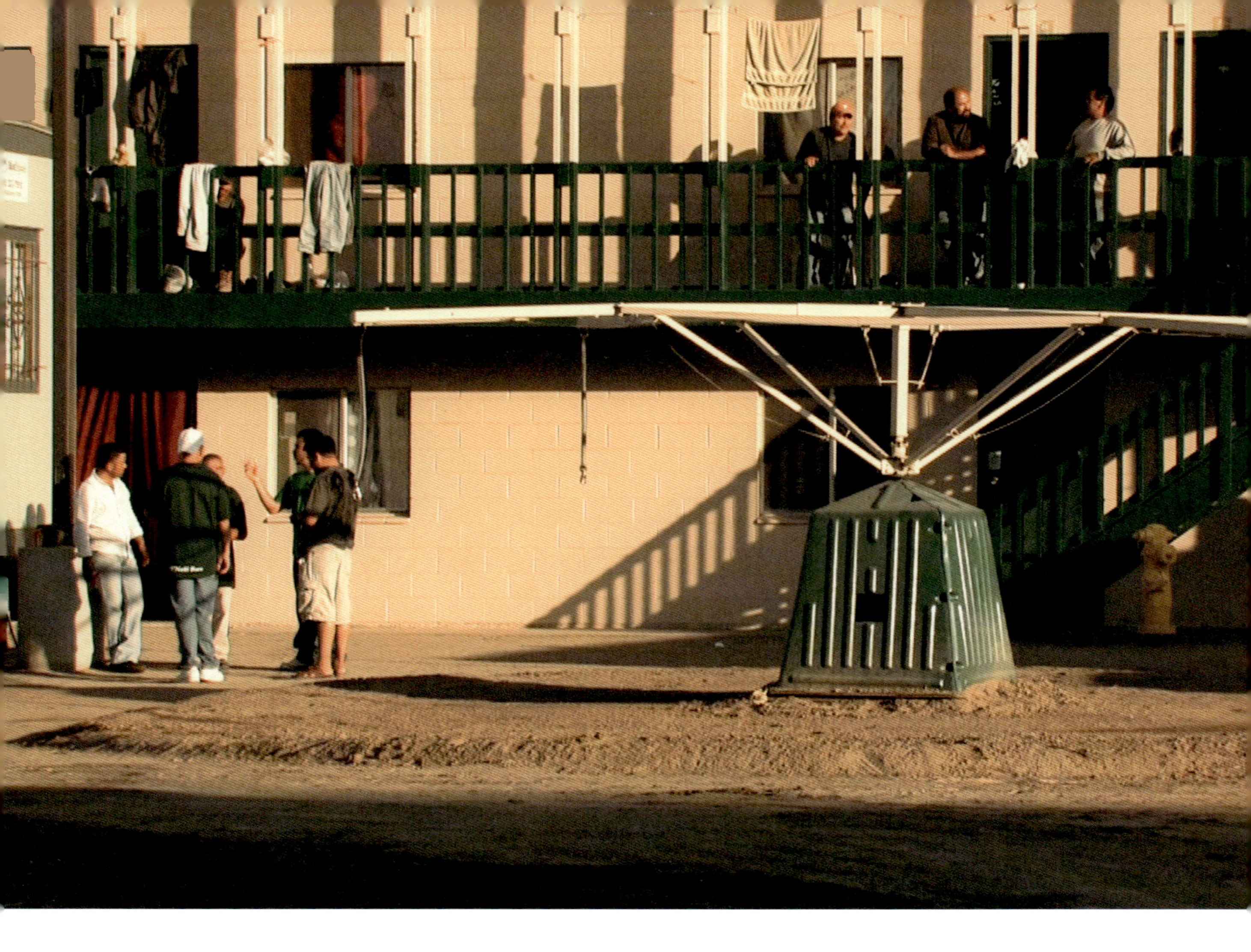

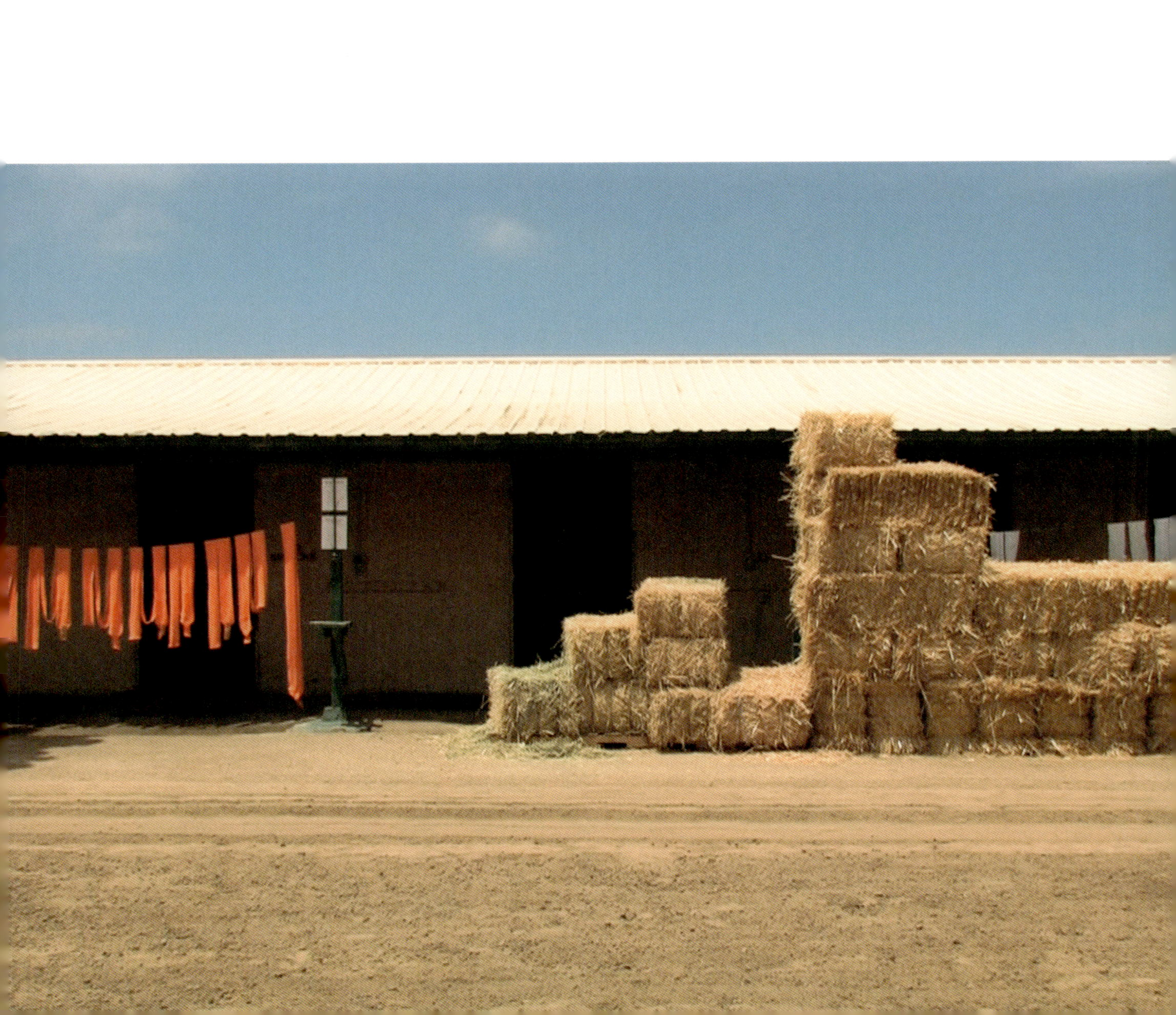

post time

post time, 2012,
Ein-Kanal-Video (HD),
Farbe, Stereo-Ton, 15' 40" /
Single-channel HD video,
color, stereo sound, 15' 40"

Das Video *post time* handelt von Leere, Einsamkeit, Scheitern und dem Streben nach Bestätigung. Die zockenden Männer, die ihre Wetten an der Rennbahn abschließen, symbolisieren diese Sehnsucht nach Gewinn.

post time is a video about emptiness, solitude, failure, and the quest for affirmation through the chase to win, set in the backdrop of men gambling at a racetrack.

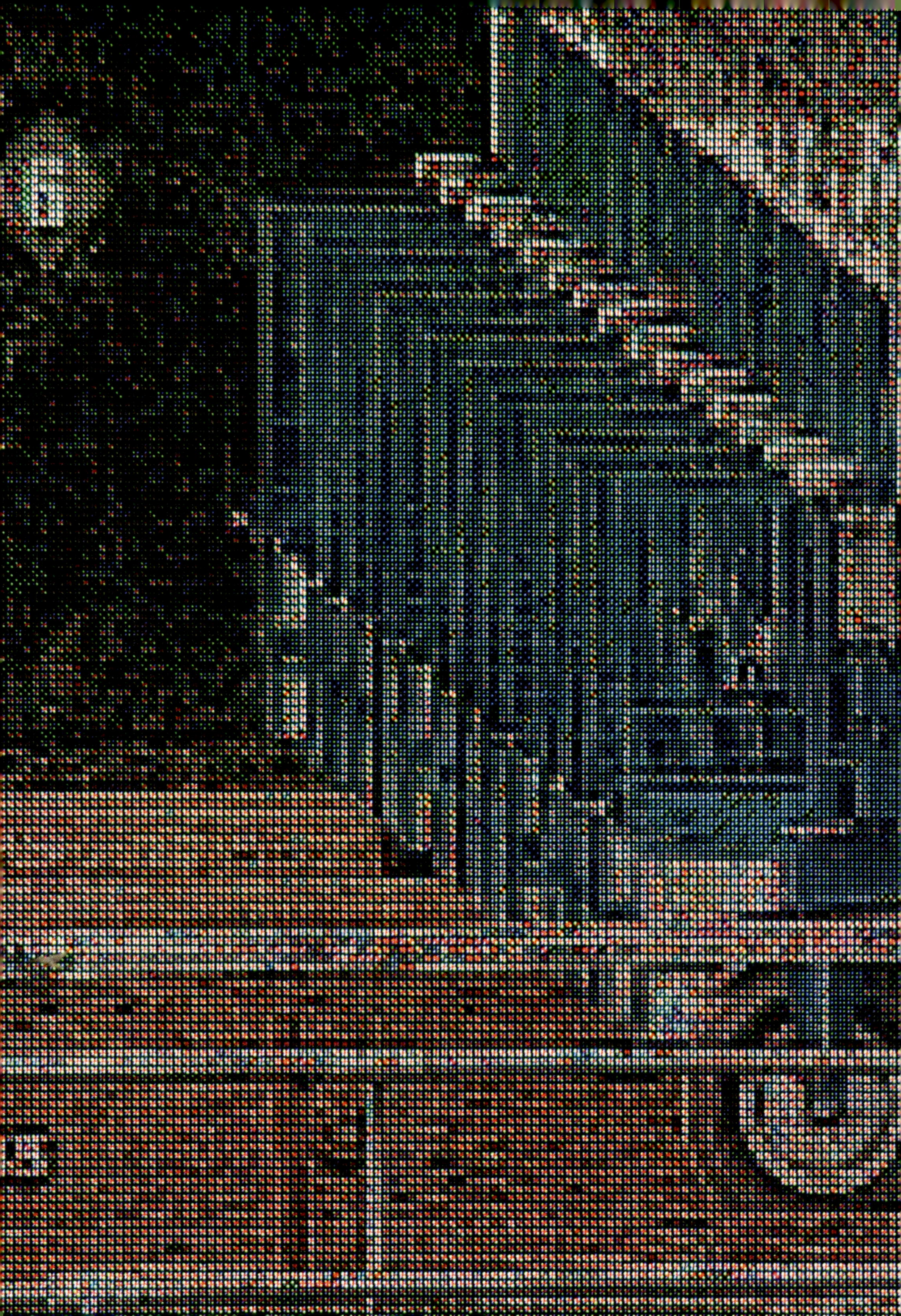

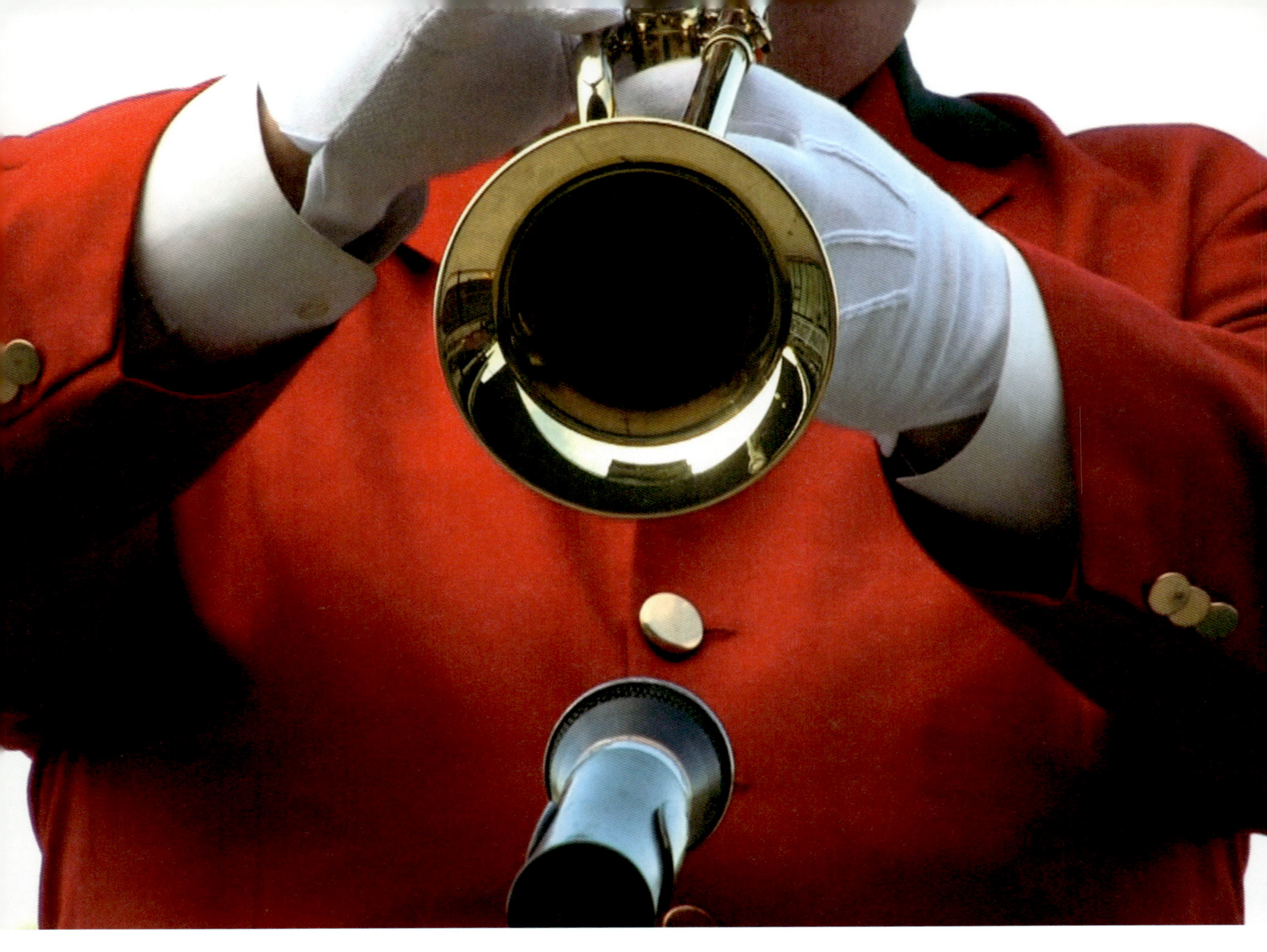

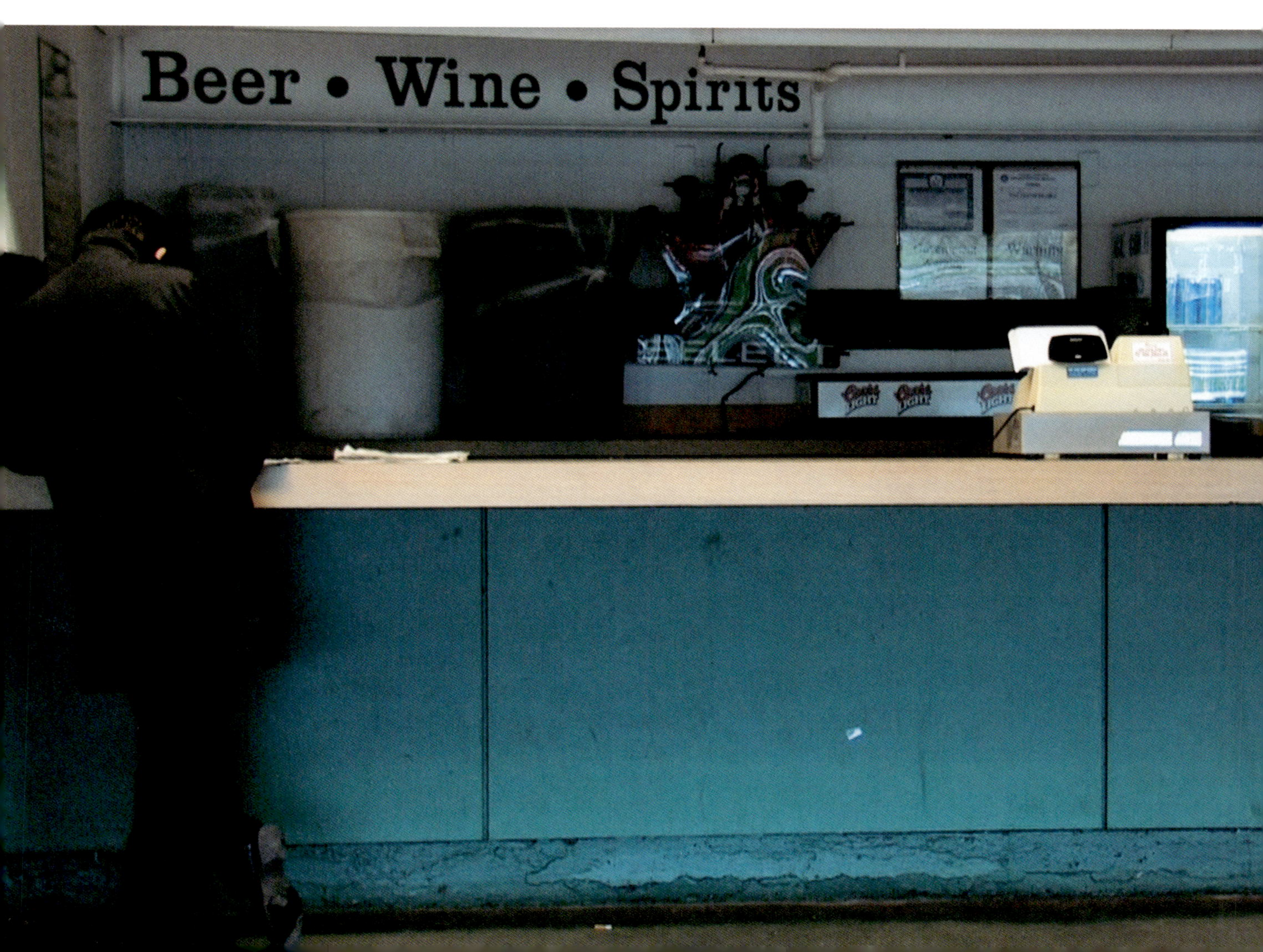

Beer • Wine • Spirits

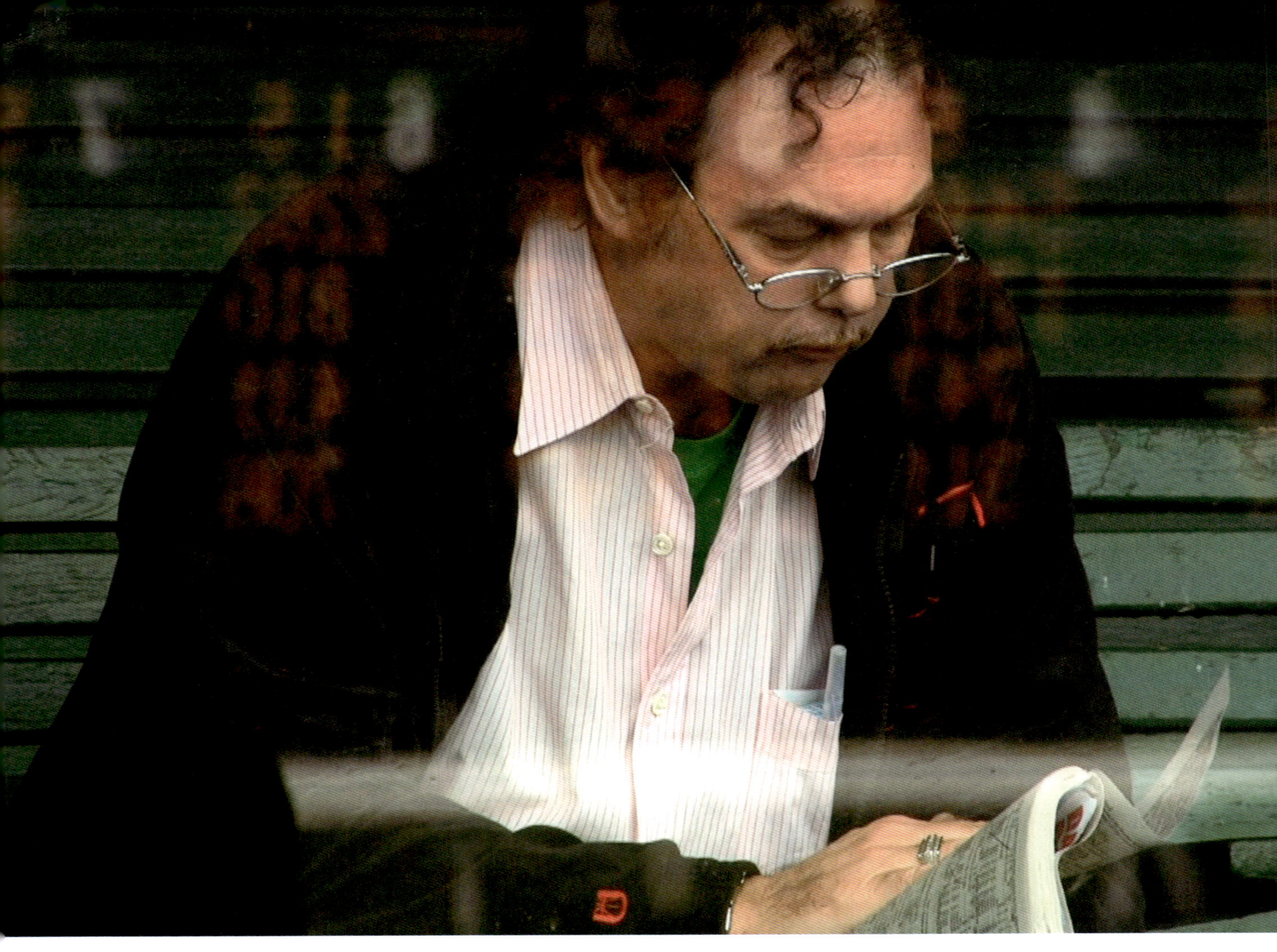

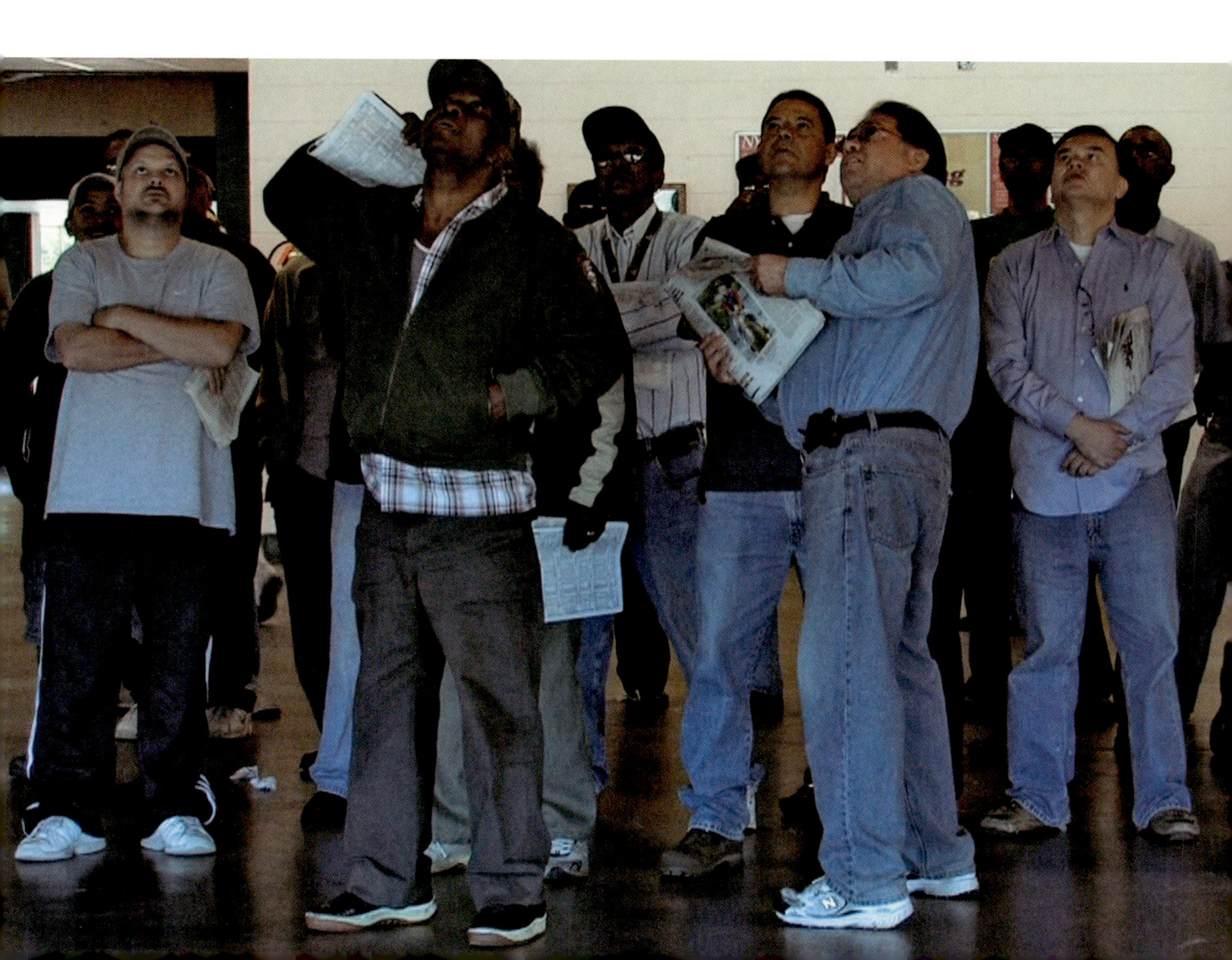

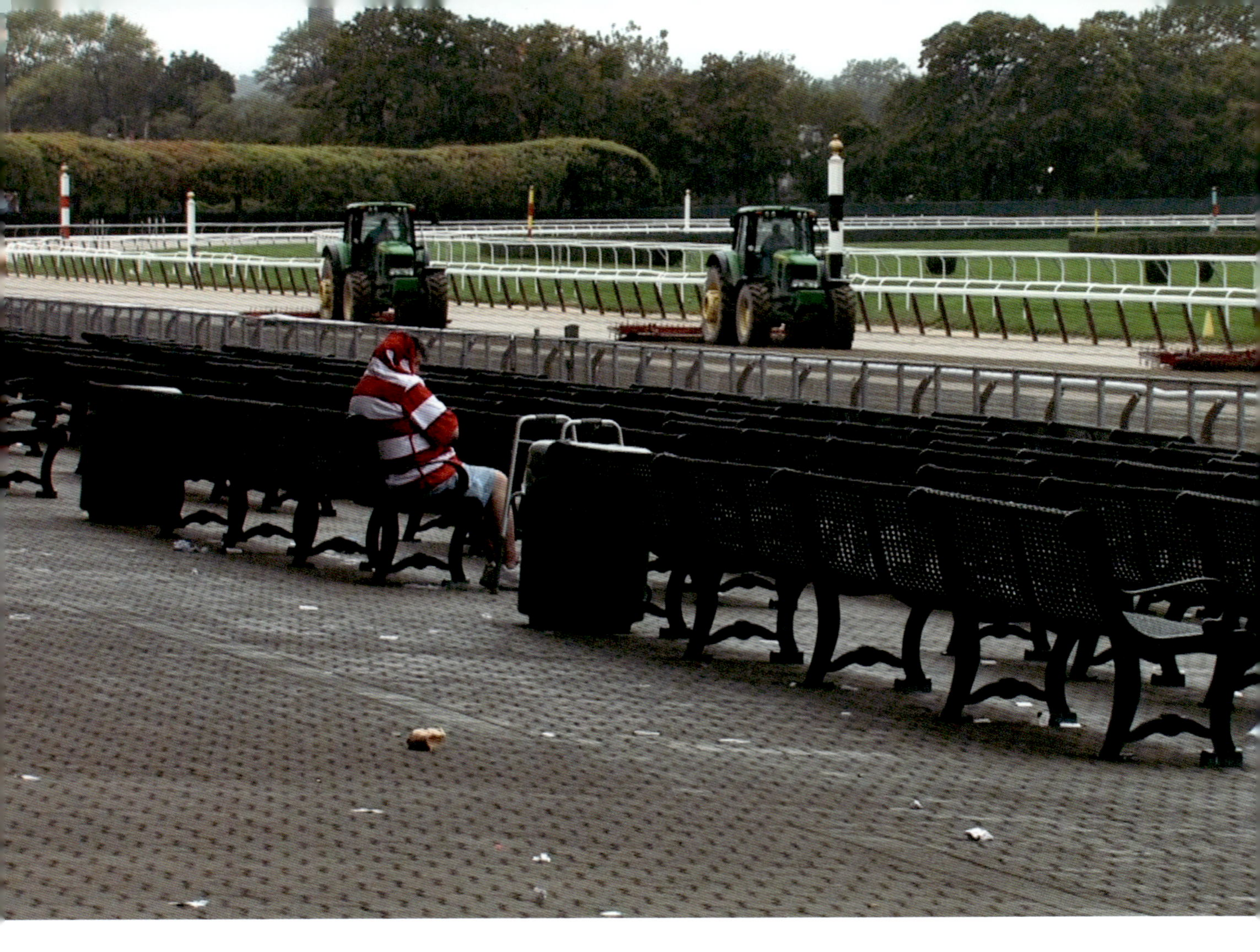

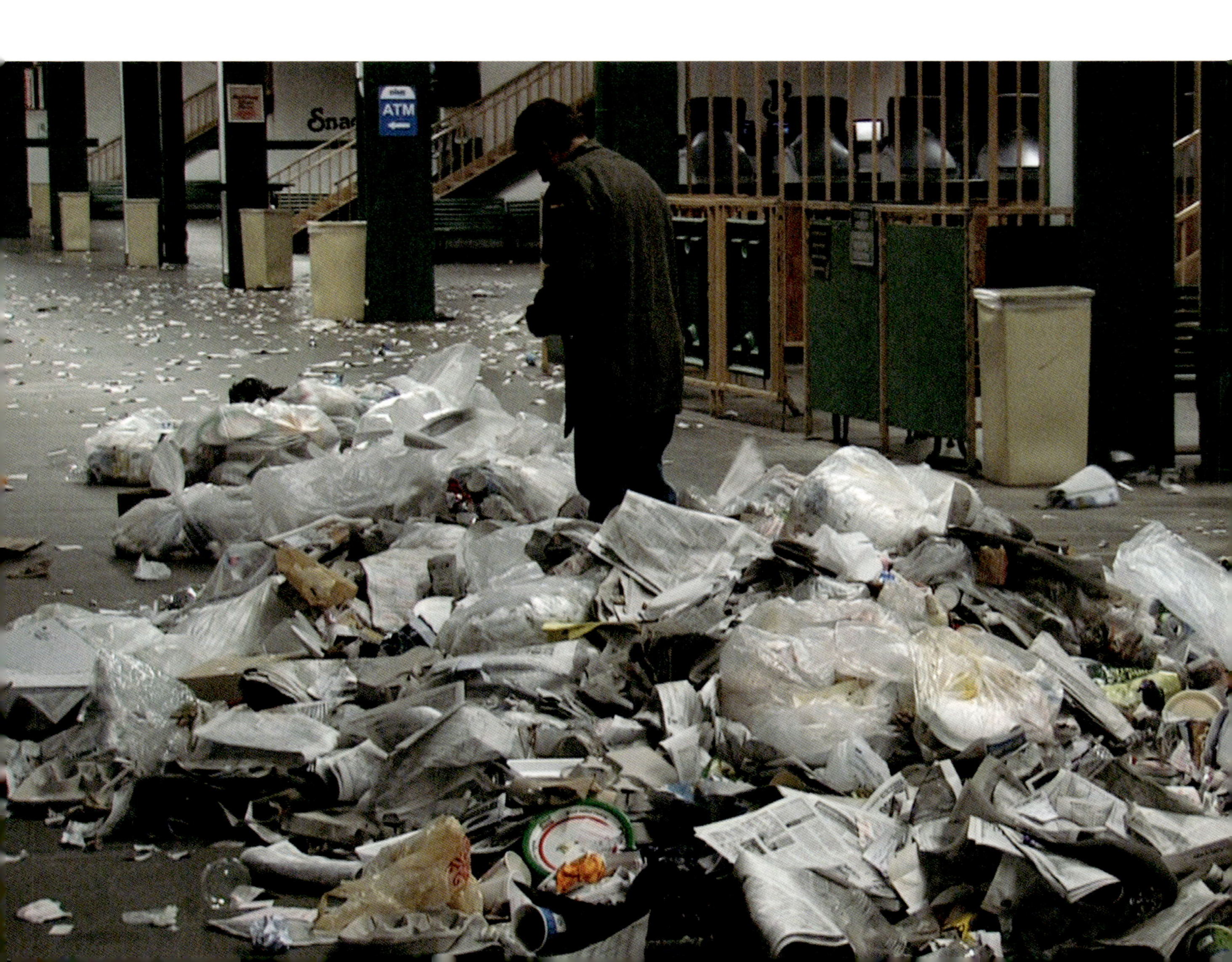
ATM
Snac

AUSBILDUNG / EDUCATION

1980–1981	California State University, Northridge
1982	University of California, Los Angeles
2004	Thomas Edison State College, BA

AUSGEWÄHLTE EINZELAUSSTELLUNGEN /
SELECTED SOLO EXHIBITIONS

2017	Ludwig Forum Aachen, Germany
2015	Wexner Center for the Arts, Columbus, OH
2012	Tampa Museum of Art, Tampa, FL
2010	Museum of Contemporary Art, San Diego, CA
2007	Space Other, Boston, MA
1999	Galerie Georges-Philippe & Nathalie Vallois, Paris, France
1998	Museum Pfalzgalerie Kaiserslautern, Germany
1996	Galerie Georges-Philippe & Nathalie Vallois, Paris, France
	One Great Jones, New York, NY
1995	Galerie Bela Jarzyk, Cologne, Germany
	Galerie Bernd Klüser, Munich, Germany
1994	Ruth Bloom Gallery, Santa Monica, CA
1993	Städtische Galerie im Lenbachhaus, Munich, Germany
	Galerie Bernd Klüser, Munich, Germany
	Worcester Art Museum, Worcester, MA
	Madison Art Center, Madison, WI
1992	Centre d'Art Contemporain de Vassivière en Limousin, France
1991	Galerie Georges-Phillipe & Nathalie Vallois, Paris, France
1990	Meyers/Bloom Gallery, Santa Monica, CA
	Diane Brown Gallery, New York, NY
1989	The Louisiana Museum of Modern Art, Humlebæk, Denmark
	Diane Brown Gallery, New York, NY
	Fundacio Joan Mirò, Barcelona, Spain
	Halle Sud, Geneva, Switzerland
	Brandts Klædefabrik, Denmark
1988	Diane Brown Gallery, New York, NY

AUSGEWÄHLTE GRUPPENAUSSTELLUNGEN /
SELECTED GROUP EXHIBITIONS

2017	*Dying well—False death*, Museum für Neue Kunst, Freiburg, Germany
	Videonale.16, Kunstmuseum, Bonn, Germany
2016	*getting across: an exhibition on borders*, India International Centre, New Delhi, India
2015	*Rodin to Warhol: 60th Anniversary Gifs and Recent Acquisitions*, McNay Art Museum, San Antonio, TX
	A Legacy of Art Loved: Gifts from Robert and Dorothy Shapiro, Museum of Contemporary Art, San Diego, CA

2013	*Someone Else*, curated by Leonhard Emmerling, Dunedin Art Gallery, Dunedin, New Zealand, (traveled to Oberösterreichisches Landesmuseum, Linz, Austria)
2011	*Videonale.13*, Kunstmuseum, Bonn, Germany, (traveled to BWA Gallery, Katowice, Poland, Gallery of Modern Art, Glasgow, United Kingdom, and the National Taiwan Museum of Fine Arts, Taichung, Taiwan)
2010	*video_dumbo*, curated by Caspar Stracke and Gabriela Monroy, Brooklyn, NY
	Pleasure Point: Celebrating 25 Years of Contemporary Collectors, Museum of Contemporary Art San Diego, San Diego, CA
	14th Annual ASU Art Museum Short Film And Video Festival, Arizona State University Art Museum, Tempe, AZ
2009	*Vortexhibition Polyphonica*, Henry Art Gallery, Seattle, WA
	13th Annual ASU Art Museum Short Film And Video Festival, Arizona State University Art Museum, Tempe, AZ
	Athens Video Art Festival, Athens, Greece
	Extremely Shorts, Aurora Picture Show's 12th Annual Extremely Shorts Film Festival, Houston, TX
2008	*12th Annual ASU Art Museum Short Film And Video Festival*, Arizona State University Art Museum, Tempe, AZ
	Altered Geometry: Contemporary Sculpture from MMoCA's Collection, Madison Museum of Contemporary Art, Madison, WI
2007	*Offside*, ST PAUL St Gallery, Auckland University of Technology, Auckland, New Zealand
	Finding Form, Atlanta Contemporary Art Center, Atlanta, GA
2006	*Recent Acquisitions: Gifts of Art*, Museum of Fine Arts, Boston, MA
	Big Juicy Paintings (And More), Highlights from the Permanent Collection, Miami Art Museum, Miami, FL
2001	*Obsessive Drawing*, Delaware Center for the Contemporary Arts, Wilmington, DE
	Energy Inside, Faulconer Gallery, Grinnell College, Grinnell, IA
1999	*Points of Departure: Drawings from the Permanent Collection*, Orange County Museum of Art, Newport Beach, CA
	Art on Paper—The Dillard Collection 1964–1999, Weatherspoon Art Gallery, Greensboro, NC
	Hindsight, Whitney Museum of American Art, New York, NY
1997	*Works On Paper*, Weatherspoon Art Gallery, Greensboro, NC
1996	*Chimériques Polymères*, Musée d'Art Moderne et d'Art Contemporain de Nice, Nice, France
1995	*Machine*, Newport Harbor Art Museum, Newport Beach, CA
1993	*Skulptur*, Galerie Vier, Berlin, Germany
1991	*Object Lessons*, Portland Art Museum, Portland, OR
1990	*Half-Truths*, curated by Marge Goldwater, The Parrish Art Museum, Southampton, NY
1989	*1989 Biennial Exhibition*, Whitney Museum of American Art, New York, NY
	Awards in the Visual Art 8, High Museum of Art, Atlanta, GA
	La Jolla Museum of Contemporary Art, La Jolla, CA
	Henry Art Gallery, Seattle, WA
	The BMW Gallery, New York, NY
1988	*The New Poverty II*, curated by Collins & Milazzo, Myers/Bloom Gallery, Santa Monica, CA

Enclosing the Void: Eight Contemporary Sculptors,
Whitney Museum of American Art at Equitable Center,
New York, NY
Walk Out to Winter, curated by Christian Leigh
for Bess Cutler Gallery, New York, NY
1987   *Inductive Geometries*, Diane Brown Gallery, New York, NY
Small Scale Sculpture, Woodruff Arts Center, Atlanta, GA
College of Art, Atlanta, GA
4 × 4 – 3, White Columns, New York, NY
1986   *Emerging Sculptors 1986*, Sculpture Center, New York, NY
The Constructed Image, Laurie Rubin Gallery, New York, NY
Time After Time, curated by Collins & Milazzo,
Diane Brown Gallery, New York, NY

ÖFFENTLICHE SAMMLUNGEN/
PUBLIC COLLECTIONS

McNay Art Museum, San Antonio, TX
Magasin III Museum & Foundation for Contemporary Art,
Stockholm, Sweden
The Museum of Fine Arts Houston, Houston, TX
Tampa Museum of Art, Tampa, FL
Norton Museum of Art, West Palm Beach, FL
Museum of Contemporary Art, San Diego, CA
Henry Art Gallery, Seattle, WA
Museum of Fine Arts, Boston, MA
Miami Art Museum, Miami, FL
Des Moines Art Center, Des Moines, IA
Fogg Art Museum, Cambridge, MA
Addison Gallery of American Art, Andover, MA
Whitney Museum of American Art, New York, NY
National Museum of Contemporary Art, Oslo, Norway
Milwaukee Art Museum, Milwaukee, WI
Hirshhorn Museum and Sculpture Garden,
Washington, DC
Albright-Knox Art Gallery, Buffalo, NY
Chase Manhattan Bank, New York, NY
The Museum of Contemporary Art, Geneva, Switzerland
High Museum of Art, Atlanta, GA
Louisiana Museum of Modern Art, Humlebæk, Denmark
The Walker Art Center, Minneapolis, MN
Portland Art Museum, Portland, OR
The Museum of Contemporary Art, Los Angeles, CA
Madison Art Center, Madison, WI
Lenbachhaus, Munich, Germany
Brooklyn Museum of Art, Brooklyn, NY
The New School, New York, NY
Orange County Art Museum, Orange County, CA
Weatherspoon Art Gallery, Greensboro, NC
Grinnell College, Grinnell, IA
Fisher-Landau Center, Long Island City, NY
Pfalzgalerie Kaiserslautern, Germany
Staatliche Graphische Sammlung, Munich, Germany
Mead Art Museum, Amherst College, Amherst, MA

| 2001 | *Glial Axon*, Grinnell College, Grinnell, IA |
| 1990 | *Round House*, Walker Art Center, Minneapolis, MN |

AUSZEICHNUNGEN/AWARDS

2011	Massachusetts Cultural Council
2010	Outpost Artists Resources' Cuts and Burns Residency
2008	Jerome Foundation
	New York State Council on the Arts
	Experimental Television Center
2005	New York State Council on the Arts
2004	Nancy Graves Foundation
	The Rotunda Gallery/BCAT Residency
1999	New York Foundation for the Arts
	Pollock-Krasner Foundation
1998	Elizabeth Foundation for the Arts
1992	Guggenheim Fellowship
1990	Pollock-Krasner Foundation
1989	National Endowment for the Arts
1988	Awards in the Visual Arts
1987	New York Foundation for the Arts
	National Endowment for the Arts
1986	Pollock-Krasner Foundation

AUSGEWÄHLTE BIBLIOGRAFIE/SELECTED BIBLIOGRAPHY

2017   Beitin, Andreas, *The Presence of Absent Death*, in: *Erik Levine: As a Matter of Fact*, exhibition catalog, Aachen, Germany
Davies, Hugh, *Interview with Erik Levine*, in: *Erik Levine: As a Matter of Fact*, exhibition catalog, Ludwig Forum Aachen, Germany
Emmerling, Leonhard, *Deathbound, Man*, in: *Erik Levine: As a Matter of Fact*, exhibition catalog, Ludwig Forum Aachen, Germany
Farsakh, Leila, *Facing the Other: Women and Masculinity in the Work of Erik Levine*, in: *Erik Levine: As a Matter of Fact*, exhibition catalog, Ludwig Forum Aachen, Germany
Sichel, Berta, *As a Matter of Fact: Erik Levine and the Legacy of the Documentary*, in: *Erik Levine: As a Matter of Fact*, exhibition catalog, Ludwig Forum Aachen, Germany

2015   Lange, Jennifer, *Erik Levine: cold storage*, exhibition essay, Wexner Center for the Arts

2013   Emmerling, Leonhard, *Someone Else*, exhibition catalog, Oberösterreichisches Landesmuseum, Linz, Austria
Hanton, Jamie, *Someone Else*, CIRCUIT: Artist Film and Video Aotearoa New Zealand, May 4, 2013

2012   Ennis, Veron, *Erik Levine*, Arts Districts, June 9

2011   Seidel, Martin, *Videonale 13*, Kunstforum, July–August,
       pp. 396–401
2010   Gibson, Alison, *Erik Levine: Grip*, Daily Serving; An International
       Forum for The Contemporary Arts, March 10
2009   Gonzalez, Leyra E., *Hombre a su gallo*, El Nuevo Dia, July 26,
       pp. 62–63
2007   Simpson, Bennett, *Erik Levine's More Man*, Space Other exhibition
       brochure
       Cook, Greg, *Erik Levine, More Man*, The New England Journal
       of Aesthetic Research, May 10
2006   Smith, Elizabeth, *More Man*, Aspect Magazine, vol. 7
       Suarez De Jesus, *MAM Goes Mach*, Miami New Times,
       July 13–19, p. 50
2001   Wei, Lilly, *Energy Inside*, exhibition catalog, Grinnell, IA
       Sozanski, Edward J., *Drawing made easy*, The Philadelphia
       Inquirer, June 21
1999   Sausset, Damien, *Levine oversized*, L'Œil, June, p. 23
1998   Weingartner, Gabriele, *Kunst ist, was sich verwandelt*, Die
       Rheinpfalz, September 12
       Sperrholz, Styropor, Polyurethan, Kunstactuell, September, p. 37
       Maschinenhaft bis Organisch, Die Rheinpfalz, September 4
       Buhlmann, Britta, *Metamorphoses*, in: *Erik Levine. Plastiken und
       Zeichnungen*, exhibition catalog, Kaiserslautern, Germany
       Emmerling, Leonhard, Size does matter, in: Erik Levine. Plastiken
       und Zeichnungen, exhibition catalog, Kaiserslautern, Germany
       Erik Levine: Transport-Zelle, Mannheimer Morgen, October 15
       Feeser, Sigrid, *Autonome Körper im Raum*, Rheinzeitung Koblenz,
       October 1
1997   Lovisa, Fabian R., *Von Raum und Energie und einem schwierigen
       Transport*, Die Rheinpfalz, February 1
1995   Meixner, Christiane, *Ein Netz aus groben Maschen*, Kölner Stadt-
       Anzeiger, May 23, p. 8
       Sachs, Brita, *Wer nicht durchs Dasein schlittern will*, Frankfurter
       Allgemeine Zeitung, October 10
       Curtis, Cathy, *Going Through the Motions*, Los Angeles Times,
       November 7
1994   Melrod, George, Art & Antiques, November, p. 40
1993   Fricke, Harald, *Komplex, aber irgendwie unnutz*, TAE, July 10
       Herbstreuth, Peter, *Wenn Witwen kunstwerkeln*,
       Tagesspiegel, July 8
       Grant, Daniel, *Artist Creates Tension, Intrigue with Builder's Skill*,
       Boston Herald, May 1
       Unger, Miles, Art New England, June–July
       McQuaid, Cate, *Plane speaking Erik Levine at the Worcester
       Art Museum*, The Boston Phoenix, February 26
       Margiera, Frank, *Erik Levine's work is more than the sum of its
       parts*, Sunday Telegram Datebook, March 14
       Exhibition Review, Süddeutsche Zeitung, February 18
       E. K., *Exhibition Review*, Süddeutsche Zeitung, February 18
1992   Ardenne, Paul, *Exhibition Review*, Art Press 165, January, p. 89
1991   Perl, Jed, *Exhibition Review*, Art & Antiques, February, p. 92
       Decter, Joshua, *Exhibition Review*, Arts Magazine 65,
       February, p. 104
1990   Kimmelman, Michael, *Reviews / Arts*, The New York Times,
       November 23, Section C, p. 4

Snow, Shauna, *Sculptor Erik Levine Emphasizes the Intellectual*, Los Angeles Times, November 4, Calendar
Geer, Suvan, *Perfectly Crafted Plywood …*, Los Angeles Times, November 3, F8
Ament, Dolores Tarzan, *Region Visual Artists Shown at Henry Gallery*, Seattle Times, January 17, Cl
Braff, Phyllis, *Sculpture That Demands Viewer Involvement*, The New York Times, August 19
Hacket, Regina, *Bird Man Nests at Henry Art Gallery (Review of Awards in the Visual Arts Exhibition)*, Seattle Post-Intelligencer
McConnell, *Levine's 'Round House' Going Up*, Star Tribune, Minneapolis, August 20
Round House' New Addition to Sculpture Garden, St. Paul Pioneer Press, August 21
Smith, Roberta, *Southampton Hybrids*, The New York Times, August 24

1989   Baker, Kenneth, *Encourage the Shift in N.Y. Galleries: Art That's Art*, San Francisco Chronicle, May 18, p. E4
Casado, Luis, *Ambientes Objetuales, El escultor Erik Levine expone en la Fandacio Miro sus peizas,"influidas por danza,"* La Vaguardia, Barcelona
Erik Levine, *un lleu toc diironia sobre la precisio matematics*, Diari de Barcelona, April 16
Farre, Adela, *Erik Levine presenta en la Miro sus esculturas, a mediocamino entre el minimal y la carga referencial*, ABC, Barcelona, March 29
Halle Sud, *Erik Levine*, exhibition catalog (includes interview with Renate Cornu), Barcelona
Hayt-Atkins, Elizabeth, *Review*, ARTnews, October
Kimmelman, Michael, *Review/Arts*, The New York Times, June 21
Larson, Kay, *Apocalypse Now*, New York Magazine, May 29, p. 67
Mason-Poulet, Laure, *Tema Celeste*, July–September, p. 79
Morin, François-Yves, *Inactualité d'Erik Levine*, Halle Sud, Geneva, No. 20
Myers, Terry R., *Exhibition Review*, Arts Magazine, October, p. 79
Whitney Museum of American Art, *1989 Biennial Exhibition*, exhibition catalog, New York

1988   Gardner, Colin, *New Poverty: Conceptual Triumph or Smoke Screen*, Los Angeles Herald Examiner, December 9
Heartney, Eleanor, *Erik Levine at Diane Brown*, Art in America, May
Lubowsky, Susan, *Enclosing the Void: Eight Contemporary Sculptors*, exhibition catalog, The Whitney Museum of American Art at Equitable Center, New York
Marks, Ben, *Impoverished Dialogue*, Artweek, December 24
Smith, Roberta, *Downtown Galleries*, The New York Times, February 26
Young, Tracy, *Curves Ahead*, VOGUE, January

1987   Brenson, Michael, *Emerging Sculptors*, 1986, The New York Times
Brenson, Michael, *4×4*, The New York Times, January 16
Kingsley, April, *Emerging Sculptors*, 1986, exhibition catalog, Sculpture Center, New York
Silverman, April, *Private Images—Drawings by Sculptors*, ARTnews, summer

DR. ANDREAS BEITIN
Andreas Beitin studierte Kunstgeschichte, Angewandte Kulturwissenschaften
sowie Neuere und Neueste Geschichte. Ab 2004 war er im ZKM | Museum für Neue
Kunst in Karlsruhe tätig, seit 2010 als dessen Leiter. Er hat zahlreiche internatio-
nal beachtete Ausstellungen kuratiert sowie wissenschaftliche Texte im In- und
Ausland publiziert. Darüber hinaus trat er als Herausgeber verschiedener Publi-
kationen in Erscheinung. Seit Februar 2016 ist Andreas Beitin Direktor des Ludwig
Forum Aachen.

DR. LEONHARD EMMERLING
Leonhard Emmerling ist Kunsthistoriker und Leiter der Programmarbeit mit Regi-
onalauftrag Südasien des Goethe-Instituts/Max Mueller Bhavan in Neu-Delhi. Er
hat mehr als 50 Ausstellungen in Deutschland, Neuseeland, Russland und Österreich kuratiert. 2009 war er auf der 53. Biennale von Venedig der Kurator des neu-
seeländischen Pavillons. Leonhard Emmerling ist Autor zahlreicher Bücher, unter
anderem über Jackson Pollock und Jean-Michel Basquiat, und hat umfangreich
publiziert, etwa in Form von Ausstellungskatalogen, Artikeln zu zeitgenössischer
Kunst und Katalogbeiträgen.

DR. LEILA FARSAKH
Leila Farsakh ist außerordentliche Professorin für Politikwissenschaften an der
University of Massachusetts, Boston. Sie verfasste das Buch *Palestinian Labour
Migration to Israel: Labour, Land and Occupation* und hat zu Fragen des Frie-
densprozesses zwischen Arabern und Israelis sowie zur internationalen Migra-
tion in unterschiedlichen wissenschaftlichen Zeitschriften publiziert. „Identity

CV Autoren / Authors

DR ANDREAS BEITIN
Andreas Beitin studied art history, applied cultural sciences, as well as modern
and contemporary history. In 2004 he started working at ZKM | Museum für Neue
Kunst in Karlsruhe; and was appointed Director in 2010. He has curated numerous
internationally acclaimed exhibitions and has published scholarly texts in Germany and other countries. He is also the editor of various publications. Since February 2016 Andreas Beitin has been Director of Ludwig Forum Aachen.

DR LEONHARD EMMERLING
Leonhard Emmerling is an art historian, currently serving as the Director of Pro-
grams South Asia, Goethe-Institut/Max Mueller Bhavan, New Delhi. He has curated more than 50 exhibitions in Germany, New Zealand, Russia, and Austria.
In 2009 he curated the New Zealand pavilion at the 53rd Venice Biennale. Leonhard Emmerling authored several books, among others on Jackson Pollock and
Jean-Michel Basquiat, and published widely, including exhibition catalogs, articles on contemporary art, and contributions to catalogs.

DR LEILA FARSAKH
Leila Farsakh is Associate Professor in political science at the University of
Massachusetts, Boston. She is the author of *Palestinian Labour Migration to
Israel: Labour, Land and Occupation*, and has published on questions related
to the Arab-Israeli Peace Process and international migration in a wide range
of academic journals. Among her literary works is "Identity Card," published in

Card", eine ihrer literarischen Arbeiten, wurde im *Consequences Magazine* veröffentlicht. 2001 erhielt sie den Peace and Justice Award der Cambridge Peace Commission.

DR. HUGH DAVIES
Hugh Davies war von 1983 bis 2016 Direktor des Museum of Contemporary Art in San Diego und ist nun emeritiert. Davies war im Jahr 2000 Ko-Kurator der Whitney-Biennale und 1976 künstlerischer Leiter des US-Pavillons auf der Biennale von Venedig. Er war von 1984 bis 2016 Mitglied der Association of Art Museum Directors, von 1994 bis 2001 Kuratoriumsmitglied und in den Jahren 1997 und 1998 Vorsitzender. Seine an der Princeton University verfasste Dissertation über Francis Bacon erschien bei Garland Press; nachfolgend publizierte er vielfach zu den Arbeiten Bacons. Davies ist derzeit Mitglied des Francis Bacon Authentication Committee.

BERTA SICHEL
Berta Sichel ist Kuratorin für zeitgenössische Kunst, Kunsthistorikerin und Kunstwissenschaftlerin. Von 2000 bis 2011 war sie Direktorin und Chefkuratorin der Abteilung für Medienkunst am Museo Reina Sofía in Madrid. 2011 verließ sie das Reina Sofía, um ihre eigenen Projekte zu verfolgen, blieb jedoch bis zum Jahr 2013 freie Kuratorin des Museums. Seit 2014 ist sie Direktorin von Bureau Phi, einer international agierenden Kunstagentur, die Ausstellungen und öffentliche Projekte organisiert, publizistisch tätig ist sowie grenzüberschreitende Zusammenarbeit und Ideenaustausch fördert. Berta Sichels Artikel und wissenschaftliche Essays zu Kunst und Medien wurden in Europa, den USA und Lateinamerika veröffentlicht.

Consequence Magazine. In 2001 she won the Peace and Justice Award from the Cambridge Peace Commission.

DR HUGH DAVIES
Hugh Davies served from 1983 to 2016 as Director of the Museum of Contemporary Art San Diego, and is now Director Emeritus. Davies was a co-curator of the Whitney Biennial in 2000 and Director of the US Pavilion at the 1976 Venice Biennale. He was a member of the Association of Art Museum Directors from 1984 through 2016, a Trustee from 1994 through 2001, and President in 1997 and 1998. His Princeton University doctoral dissertation on Francis Bacon was published by Garland Press, and he has subsequently published extensively on Bacon's work. Davies is currently a member of the Francis Bacon Authentication Committee.

BERTA SICHEL
Berta Sichel is a contemporary art curator, art historian, and theorist. From 2000 to 2011 she was the Director as well as the Chief Curator of the Department of Media Arts at the Museo Reina Sofía in Madrid. She left the Reina Sofía in 2011 to pursue her own projects while remaining Curator at Large until 2013. Since 2014 she has been the Director of Bureau Phi, an art agency working internationally producing exhibitions, public and editorial projects and encouraging collaboration and exchange of ideas across borders. Berta Sichel's articles and theoretical essays on art and media have been published in Europe, the USA, and Latin America.

Diese Publikation erscheint anlässlich der Ausstellung /
This catalog is published on the occasion of the exhibition

Erik Levine
As a Matter of Fact

Ausstellung /
Exhibition

Ludwig Forum Aachen
19. Mai – 24. September 2017 /
May 19 – September 24, 2017

Ludwig Forum für Internationale Kunst
Jülicher Straße 97–109, 52070 Aachen, Germany
www.ludwigforum.de

Direktor / Director:
Andreas Beitin
Kurator / Curator:
Andreas Beitin
Projektleitung / Project management:
Vanessa Roder
Ausstellungsgrafik / Exhibition design:
DDT2w, Dusan Totovic, Werner Wernicke
Presse / Press:
Jutta Göricke, Presseamt Stadt Aachen, Julia Zeh
Ausstellungsteam / Exhibition team:
Joachim Gabriel, Jaroslaw Gussmann, Kalle Hommelsheim,
Kulturbetrieb der Stadt Aachen, Christina Sodermanns,
Heike Tödt, Michael Weihmann, Werner Wosch

Mit besonderem Dank an /
With special thanks to:

Analia Segal, Michael Lantz, Bradford Reed,
Paul Hill, Jennifer Lange, Paul Hayes Tucker
and Maggie Moss –Tucker, Jonathan and Tara
Tucker, Michael F. Collins, MD and Maryellen
Collins, Martha Dehnow, Cheryl Deknatel,
James Cohan Gallery, Sue Levine, Geraldine
Levine, Felix Levine, Jeanne Meyers, Peter
Miller, Peter H. Grossman, MD, Howard and
Nancy Starnbach, Howard Isenberg, The Barr
Fund, Ross Wisdom, Christopher Scholz and
Ines Elskop, Sue Hallman, Manuela DaCosta,
Vanessa D Carta, Deirdre McNamee, Office of
the Chancellor, University of Massachusetts
Boston

Publikation /
Catalog

Herausgegeben von / Edited by:
Andreas Beitin, Leonhard Emmerling
Redaktionsassistenz / Editorial assistance:
Vanessa Roder
Lektorat / Proofreading:
Michaela Alex-Eibensteiner
Übersetzung / Translation:
DE–EN: Jeremy Gaines (S. / pp. 4–7; S. / pp. 56–69);
Lucinda Rennison (S. / pp. 26–39)
EN–DE: Christina Bösel (S. / pp. 8–13);
Katrin Seger (S. / pp. 80–85);
Leonhard Emmerling (S. / pp. 96–120)
Gestaltung / Design:
Raphael Drechsel, GREAT
Gesamtherstellung / Production:
Druckerei Holzhausen, Wolkersdorf

© 2017 Ludwig Forum für Internationale Kunst, Aachen, Autoren /
authors und / and Verlag für moderne Kunst, Wien

© Umschlagabbildung / Cover image:
Erik Levine, *cocker*, 2010, Ein-Kanal-Video, Farbe,
Stereo-Ton, 16' 10" (Videostill) / Single-channel HD video,
color, stereo sound, 16' 10" (video still), © Erik Levine, 2017
© Alle Bilder / All images: © Erik Levine, 2017

Erschienen bei / Published by:
VfmK Verlag für moderne Kunst GmbH
www.vfmk.org

ISBN 978-3-903153-47-9
Alle Rechte vorbehalten / All rights reserved
Gedruckt in Österreich / Printed in Austria

Vertrieb / Distribution:
Europa/Europe: LKG, www.lkg-va.de
CH: AVA, www.ava.ch
UK: Cornerhouse Publications, www.cornerhousepublications.org
USA: D.A.P., www.artbook.com

Bibliografische Information der Deutschen Nationalbibliothek
Die Deutsche Nationalbibliothek verzeichnet diese Publikation in der
Deutschen Nationalbibliografie; detaillierte bibliografische Daten sind
über http://dnb.d-nb.de abrufbar. /
Bibliographic information published by the Deutsche Nationalbibliothek
The Deutsche Nationalbibliothek lists this publication in the Deutsche
Nationalbibliografie; detailed bibliographic data are available on the
Internet at http://dnb.d-nb.de.

Förderer / Sponsors:

Peter und Irene
Ludwig Stiftung

Unterstützer / Supporters:

FREUNDE DES LUDWIG FORUMS
FÜR INTERNATIONALE KUNST E.V.

Ein Museum der
stadt aachen

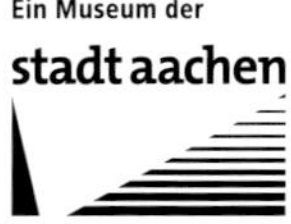